Antecedentes - El Viaje de la Actuación

Background

—

Journey of Acting

By

Abraham Vásquez

Inspirado en hechos reales del autor en su travesía como artista en Estados Unidos.

Versión en Español

Background – *Journey of Acting* ®

Autor: *Abraham Vásquez*

Corrección de estilo: *Nikauris Vásquez Díaz*

Publicado por:

Jehova Jireh's Tax Solutions Insurance & Multi Services Group.

574 Bergen Ave. Jersey City, NJ 07304.

Imagen de portada, ilustraciones y asesoría general por :

Nikauris Vásquez Díaz

Book ISBN: 978-0-578-75654-7

Library of Congress Control Number: 2020916625

Del autor:

ABRAHAM VÁSQUEZ también conocido como *Franklyn Domingo*

Vásquez Díaz

- Miembro de la Unión de Cine y Teatro "*SAG-AFTRA & AEA*" (Screen Actors Guild-American Federation of Television and Radio Artists & Actors' Equity Association) como Actor. USA.

- Miembro de la "*CNEPR & DGCine*" Comisión Nacional de Espectáculos Públicos y Radiofonía & Dirección General de Cine) como *locutor, actor y guionista. R.D.*

- Miembro de la *Asociación Americana de Traductores y* de la *Asociación Americana de Notarios.*

- Presidente "*Jehova Jireh's Insurance Group, Inc.*"

- Vicepresidente y pastor asociado de la "*Casa de Adoración, Oración y Restauración Jesucristo es el Señor, Inc.*" NYC

- Vicepresidente "*The Ariel Berroa Children's Foundation*" R.D.

- Capellán de "*LACA International*" NYS.

AUTOR DE:

"*Tesoros en el cielo*", cortometraje del director Carlos Alfredo Fatule.

Co-escritor y protagónico de:

"*Genio & Figura*", revista virtual, dirigida por: Rosa H. Mula, como escritor de Poemas inéditos 2009-2010. España

"*Money Latino*" como "Rolando Briceño" y "*Nando (*Disponible en *Pelidom)*" como "Felipe Castillo", cortometrajes de NYC Latin Media, dirigidos y co-escritos por Carlos Alfredo Fatule.

MÚSICA:

Cover "*Señor, me has mirado a los ojos*" en 1993. Con más de *79 millones* de vistas en *YouTube*: https://youtu.be/8E3aJB4f2rg

4

TEATRO:

"***Three's Company 2***" Rol: "***Juan Valdez***", obra de Robert Morgalo.

RADIO y Televisión:

"***Caminos de Redención***", ***co-presentador y reportero***, de Fray Arístides Jiménez

CINE y SERIES:

Apariciones y participación en:

- The Flight Attendant, FBI, Tommy, Madam Secretary, BULL,
  Most Wanted, Blueblood por CBS.

- When They See Us, Happy, Pose, Hollyhock (Iguana) por
  NETFLIX.

- In The Heights, Clifford the big red dog, The Sleep Over, Prodigal
  Son, Billions, Ghost (Power), New Amsterdam, The Enemy
  Within, The Blacklist, The Rookie, Succession, Law & Order
  SVU, The Undoing, Caso Cerrado, Por Amar sin Ley por FOX,
  NBC, HBO, ABC, STARZ, Showtime, Telemundo & Univisión.

ÍNDICE

PRÓLOGO

Background – Journey of Acting es un libro testimonial y didáctico inspirado en la experiencia personal del escritor, en sus páginas encontrarás un sinnúmero de enseñanzas que se desprenden de un largo trayecto de búsqueda de la materialización de sus sueños.

En cada capítulo quedan plasmados los conocimientos adquiridos como resultado de los diversos acontecimientos acaecidos con el pasar de los años; Abraham recapitula las vivencias y a la par ofrece las herramientas necesarias para edificar al lector de forma llana y directa, ofreciendo respuestas a todo lo que le hubiera gustado saber sobre los medios de comunicación, cine y televisión antes de comenzar el primer trabajo con remuneración económica en un set de filmación de una película, novela, cortometraje, comercial, serie de Netflix, Amazon, Hulu, y demás plataformas.

Con este libro aprenderás las terminologías más comunes que se utilizan en el set de grabación, comprenderás como se entrelazan de forma perfecta los procesos, desde la escritura de guión, audiciones, aplicaciones de trabajo en las distintas plataformas y redes sociales, obras de teatro, hasta cómo hacerte miembro de la unión de actores de cine, televisión, radio y teatro (SAG-AFTRA, AEA) y obtener representación de un manager.

Gracias a las estrategias aquí facilitadas podrás optimizar tus habilidades para abrirte paso en la industria del arte, además, el autor pone a disposición un foro para que puedas encontrar respuesta a cualquier inquietud que surja en medio de la lectura del mismo o para compartir la vivencia propia de recorrer el camino; mediante las redes sociales se mantendrá interactuando con todo aquel que tenga alguna cuestionante relacionada con esta industria maravillosa del séptimo arte y el arte escénico en general.

DEDICATORIA

*A*gradezco al Dios todopoderoso, creador del cielo, la tierra, todo lo creado, y a su santo espíritu, por poner en mí el querer como el hacer, porque en medio de esta pande-mia mundial del virus COVID-19 pudo mostrarme una luz en medio del camino, que tengo mucho para ofrecer y mo-tivos para seguir luchando e inspirando de una manera po-sitiva a todos a mi alrededor.

A todo aquel que ha perdido un ser querido en medio de este tiempo de incertidumbre para la humanidad, en donde lo único seguro que tenemos como raza humana es la evolución y a todo ataque que osa perturbar nuestro instinto de supervivencia y continuidad universal; para todos us-tedes mis oraciones y mis buenas vibras llenas del amor, y la paz que sobrepasa todo entendimiento, que solo nos da Dios.

A ti, que al igual que yo has sabido encontrar paz en medio de la tormenta, y has tomado la firme decisión de hacer la parte que te corresponda para que la vida en el planeta tierra no sea extinta y podamos rebasar esta crisis y hacer que pase a ser parte de nuestra historia.

Al que sufre en silencio y se encuentra en búsqueda de una oportunidad que le ayude a salir de la depresión, las deudas, los malos hábitos, las enfermedades que nos aquejan, tanto físicas como mentales, las dudas existenciales y cualquier situación que te pueda estar quitando el sueño en estos momentos.

Si en tus planes está emigrar para Estados Unidos desde República Dominicana, Cuba, Colombia, España, Canadá, México, Puerto Rico, Brasil, Perú, Ecuador, La India, Europa, Sur América, África, China, Asia, Argentina, Italia, Japón, Egipto, y no sabes por dónde empezar, co-mienza aquí, es un buen punto de referencia para darte a conocer y seguir construyendo tus metas y objetivos en tu nueva vida.

A mi madre: Inés Ramona Díaz y mis hermanas: Nikauris Vásquez Díaz y Anayme Vásquez Díaz, por ser mi soporte, dándome su apoyo incondicional en todo lo que he decidido hacer en la vida y ayudarme a levantar cuando me he visto caído.

Finalmente, en memoria de mi padre: Domingo Vásquez Díaz alias "Piquila", quien en sus más de 30 años de trabajo ininterrumpidos, en la antiguamente denominada "Corporación Dominicana de Electricidad" (**CDE**), nos mostró un ejemplo de honestidad y servicio en el sector público, que echó raíces inspirándome, al igual que a mis hermanas, para convertirnos en servidores públicos de nuestro amado país.

INTRODUCCIÓN

*L*a vocación por la actuación en cada artista nace de una forma diferente y los caminos para alcanzar las metas propuestas son innumerables, como las combinaciones de las llamadas permutaciones en la materia de Estadística que nos enseñan en la universidad.

Encontrar esa guía que nos lleve a ver nuestros sueños convertirse en realidad como por arte de magia, frente a nuestros ojos, es la misión que todos y cada uno de nosotros tenemos, y en consecuencia es nuestro deber como soñadores no desistir, sino mantenernos firmes, persiguiendo eso que mueve nuestro corazón y actuando acorde a las oportunidades que se nos presentan.

En mi caso particular, sentí la necesidad de compartir mi historia y testificar cómo todo fue tomando forma para influenciar de una manera positiva a todo aquel que, al igual que yo, le apasiona el arte, y no sabe por dónde empezar.

A continuación relataré de una manera jocosa e interesante los diferentes escenarios en los que he tenido el privilegio y la oportunidad de trabajar, haciendo de mi vida una aventura de película, donde lo real se hace uno con la fantasía y donde pude descubrir en el proceso que exponerme a una nueva experiencia me ha dado una perspectiva diferente y me ha abierto los ojos para encontrar talentos ocultos y desarrollarlos de una manera eficaz.

Explicaré de forma didáctica y especifica los pasos a seguir desde cero, como guía para incursionar en el medio de la actuación, seré lo más transparente posible, tomando en consideración que mi punto de vista siempre ha sido y será "ver el vaso medio lleno" y sacar lo mejor de cada situación.

La forma en que he analizado todo desde sus inicios es la retórica que se contará a lo largo de esta historia, recordando siempre que todos tenemos el derecho de expresarnos libremente y de estar de acuerdo o diferir los unos con los otros.

Espero que este relato lleve luz a tu vida y te dé ese pequeño empujoncito que necesitas para terminar de tomar la decisión y poner acción a lo que siempre has querido hacer en la vida. Sea cual sea tu anhelo, el proceso es el mismo, es simplemente ser perseverantes, y comprometernos de una manera seria con hacer lo que nos toca para llegar a la meta propuesta.

Enfócate en lo que quieres y no escatimes los sacrificios que sean necesarios, puede que estos impliquen un cambio en nuestra rutina diaria, y algo sumamente importante es rodearte de personas que te sirvan de impulso y motivación, este apoyo facilitará el camino para que las metas se hagan realidad en frente nuestro.

CAPÍTULO I

¿DÓNDE NACEN LOS ANHELOS?

*R*ecuerdo claramente cuando estaba en tercero de primaria, mientras me dirigía a mi salón de clases, vi a la directora con uno de los profesores y varios estudiantes camino a un aula de reuniones que estaba en el segundo piso, yo nunca había entrado, pero se veía desde los pasillos que era bastante amplia, con una mesa grande como para 20 personas, y con dos puertas en cada lado una, estamos hablando alrededor del año 1982.

Para ese entonces, me consideraba muy diestro y habilidoso, recuerdo que siempre procesaba los ejercicios de matemáticas rápidamente, mientras que los maestros solían pensar que yo no prestaba la debida atención porque era medio despistado, en verdad simplemente me aburría tener que esperar a que mis compañeros se pusieran al día entendiendo el problema que el profesor trataba de explicar.

Como terminaba antes que los demás, solicitaba permiso para ir supuestamente al baño, en realidad solo quería salir al patio o a los pasillos para caminar un rato y distraerme, mientras ellos se ponían al día con el problema de matemáticas que ya yo entendía a la perfección.

Ese tercer año de primaria marco positivamente mi vida, mostrándome que todo era posible siempre y cuando pusiera el cien por ciento de mí para alcanzar las metas.

Recuerdo otro día que salí a esperar que el resto de la clase terminara los problemas de matemáticas, vi el mismo movimiento con la directora, la maestra y los estudiantes, esta vez, la curiosidad pudo más que yo, decidí seguirles para ver de qué se trataba la reunión que sostenían todos los días en ese salón.

Para mi sorpresa, fui descubierto en el acto sin siquiera entrar al salón y la directora me preguntó si estaba perdido, le dije:

No, estaba en el baño y de regreso al aula me percaté que venían al salón, les seguí porque me gustaría saber el porqué de las reuniones en este lugar.

Me preguntó:

¿Por qué quieres saberlo?

Respondí:

Porque siempre veo una sonrisa en los estudiantes que entran a este salón, imagino que algo bueno sucede ahí dentro, y me considero un buen estudiante, pero nunca me han invitado a entrar.

La directora sonrió ante mi respuesta y cálidamente expresó:

Estamos coordinando un acto para presentar en el salón de la escuela con los talentos que tenemos aquí; en ese momento, mis ojos brillaron al enterarme de lo que estaban preparando, ella al ver mi reacción y la inocultable emoción que delataba mi cuerpo a través del lenguaje no verbal, me preguntó si quería entrar para ver el ensayo, obviamente asentí sin pensarlo.

Una vez dentro del salón, los estudiantes practicaban lo que presentarían a la audiencia el día del evento, pero primero tenían que ser aprobados por la directora y los maestros allí reunidos, quienes conformaban el Consejo de Artes de la Escuela República Dominicana, localizada en Villa Juana, un popular barrio de Santo Domingo, capital del país.

Me preguntaron si sabía hacer algo, y de forma automática respondí que sí, que sabía cantar, en ese momento noté sus miradas dudosas de que en verdad tuviera habilidades para el canto, sonreí por dentro, mientras ellos se miraron entre sí para luego dar paso a la cuestionante esperada: *¿te atreves a cantar una canción para todos los presentes en el salón de reuniones?*, y nuevamente, asentí con la cabeza.

Para ese entonces, en Santo Domingo estaba de moda una agrupación juvenil boricua llamada *"Los Chicos de Puerto Rico"*, y la canción *"Ave María"* de **Tony Ocasio** era una de mis preferidas, una pieza musical súper profunda y emotiva, así que decidí interpretarla.

Comencé a cantar el Ave María a capela y lo hice desde el alma, hasta los ojos se me aguaron, esto conmovió a todos los allí presentes, recuerdo que desde que terminé, la directora me felicitó por la interpretación y me dijo que lo hice muy bien, pero que esa canción era muy triste para el acto escolar, que les gustaría que participara con una de las canciones del "***Dúo Pimpinela***", quienes también eran un éxito total en toda Latinoamérica para la época.

Me presentaron a mi compañera del dúo, una pelirroja hermosa con pequitas en la cara, que me recordaba, no sé por qué razón, a *"Candy Candy",* personaje de unos dibujos animados. Clari estaba en 4to grado de primaria, por ende, era mayor que yo, pero hacíamos muy buena pareja, siempre he sido alto y aparento más edad de la que tengo.

En fin, ese día llegue a la casa más contento que de costumbre, todo sudado porque usualmente nos íbamos de la escuela a la casa corriendo, por el hambre que teníamos, nos apresurábamos para poder comer calientito el almuerzo del medio día; al verme tan eufórico, mami preguntó por el motivo de tanta alegría y le conté que había sido seleccionado para participar en un dueto en el acto del salón de eventos en la escuela.

Al día siguiente comencé a ensayar con Clari, y la canción se convirtió como en parte de una obra teatral, la maestra no solamente evaluaba la forma de interpretación vocal, sino que también quería ver manifiesto el nivel histriónico e interpretativo de la misma.

Fue muy divertido darle forma, ver cómo nacía de la nada el proyecto; los ensayos cada vez eran más fáciles de interpretar, mi memoria asociaba el movimiento en escena con lo que tenía que enunciar verbalmente, entrelazando lo que decía y hacía mi compañera con mi parte de la canción y coreografía.

Cuando nos dijeron que nos íbamos a vestir de gala para la presentación, me puse muy contento, pues con frecuencia me buscaban amigos y familiares para ser pajecito en sus bodas, por tanto, tenía mi traje y mis corbatines siempre listos ante cualquier invitación; mi madre siempre me tenía impecable y preparado para ese tipo de eventos.

La semana del acto ensayamos tres días consecutivos antes de la presentación, para cuadrar el tiempo, las transiciones de una presentación a otra, la logística de dónde sería nuestra plataforma para presentar el acto, todo un evento montado a nivel profesional, ahora que lo comparo con la vida real en los set de filmaciones, claro, siempre con la tecnología de cada tiempo, obviamente.

Nunca olvido nuestra interpretación en vivo de ese tema musical, del dúo pimpinela; silencio alrededor y corazón palpitante, de repente apagaron todas las luces, salimos al escenario, se encendieron las luces que daban directo a Clari, yo tocaba la puerta y ahí comenzaba todo…

Yo: knock, knock.

Clari: ¿Quién es?

Yo: ¡Soy yo!

Es increíble, todavía guardo en mi mente claramente esos aplausos, me marcaron, fue cuando entendí el esfuerzo de todos esos días de ensayo. Culminó una etapa de mi vida que siempre atesoro y guardo en lo más profundo de mi ser, pues es la cimiente donde empezó mi anhelo por el arte, descubriendo el artista que hay en mí.

Años después…

En mi adultez

Con el surgimiento de las redes sociales inició una nueva forma de comunicarnos y de acortar distancias a través de plataformas como Facebook, red que al principio solo utilizaba para compartir cosas triviales y mantener el contacto con amigos y familiares, pero un día decidí publicar un poema de mi autoría denominado *"Libertad"*, era el 7 de Junio del año 2009, y a partir de ahí se comenzó a escribir una nueva historia…

Libertad

El aurora cada día
quiere solo estremecer,
todos aquellos que buscan
su secreto conocer.

Con los sentidos agudos,
al asecho y sin desdén.
Solo esperas el momento
en que pueda aparecer.

No te interesa el tamaño,
ni la forma que posee,
solamente sus misterios

¡OH, infinito atardecer!

Como las noches más bellas,
así también hay mañanas,
que no quieres que terminen
sin que traigan llamaradas.

El océano y su vibrar,
solo puedes comparar
con la altura de los cielos
y una cascada de paz.

Enfréntate a su belleza,
no temas en recibir
el secreto que te toca
y está listo para ti.

Después libera tu dicha,
no temas a ser feliz.
Comparte tus alegrías,
vive, ¡y sé feliz!

Autor: Franklyn Domingo Vásquez Díaz

(Hoy: Abraham Vásquez)

La publicación de este poema captó la atención de mí
querida amiga, ex compañera de trabajo en EDESUR,
Rita Tavares, quien hizo una recomendación de mí, que
posteriormente me abrió las puertas para pertenecer al

equipo de escritores de la Revista virtual Española *"Genio y Figura"*, dirigida por Rosa H. Mula, así se dio la oportunidad para que mis escritos figuraran en la sección de Poemas del magacín.

En el mismo proyecto me reencontré con Fanny Jiménez, con quien tuve la oportunidad de trabajar en el programa *"Caminos de Redención"*, producido por Fray Arístides Jiménez en la década de los años 90. Fanny estaba encargada de la sección de viajes, haciendo reportajes en distintas partes del mundo en Genio y Figura.

"Mi madrina", como le apodé a Rita por motivarme a seguir escribiendo, publicaba cosas más profundas, debido a que había estudiado Literatura en la universidad y se le daba muy fluido eso de generar interesantes planteamientos en sus valiosas representaciones literarias.

En fin, todas las semanas cada escritor enviaba un correo electrónico a la directora con el contenido que tenía para la publicación semanal de la revista; esta oportunidad maravillosa duro un sin número de semanas, hasta que inesperadamente el proyecto llego a su fin. Nunca olvidare cuando madrina me dijo que el alcance de la revista virtual era de más de 200 mil personas semanalmente para que tomara la recomendación en serio mostrándome la magnitud del mismo.

La rutina diaria, la monotonía, la lucha por superarme y obtener una estabilidad económica en los Estados Unidos hizo que le pusiera una pausa a mi pasión por la escritura y las artes escénicas; detuve varios proyectos, pues todo en ese momento era más fuerte que el deseo de ser artista, un sentir que desde mi niñez afloraba de cuando en vez a lo largo de mi vida en escenarios como:

- Cuando me seleccionaron en 3ro de primaria para representar la escuela cantando en un acto de fin de graduación.

- En mi adolescencia también formé parte del coro de la parroquia San Simón Apóstol, donde grabé la canción *"Señor, me has mirado a los ojos"*, cover musical que hoy cuenta con más de 79 millones de vistas en Youtube.

- Solía asistir a los programas de televisión: **Tino y Tina**, *Amarilis con los Niños*, <u>Sabidísimo</u>, **El Gordo de la Semana**, *Esta Noche Mariasela* y <u>Noche no te Vayas</u>, en los cuales siempre tuve participación en concursos y gané múltiples premios de parte de la producción y los patrocinadores de los mismos (Hasta el punto que en la escuela me dieron el seudónimo "Catalino" por ser tan dichoso).

- Tomé clases de teatro por casi dos años, iniciando en Bellas Artes; luego creamos nuestro propio grupo para montar obras con los maestros. Recuerdo que montábamos "El Príncipe" de Nicolás Maquiavelo, y después de un año preparándonos, cuando el maestro finalmente repartió los papeles, me tocó el protagónico, sin embargo, por compromisos de trabajo y lo mucho que exigía el personaje, tuve que retirarme del grupo☹.

- Me convertí en cazador de Karaokes, asistiendo frecuentemente a cantar con los amigos y de alguna forma sentía que alimentaba mi vena artística.

Y 20 años después, ya con una carrera estable, gracias a la guía de Dios y su santo espíritu en mi vida, siendo emprendedor, con mi propia empresa; después de tantos años en el sector corporativo público y privado en República Dominicana y en Estados Unidos, es que decido retomar mi pasión por la actuación, por sugerencia de mi hermana Nikauris Vásquez, inscribiéndome en el taller "Yo Soy de Película 2" de NYC Latín Media, tras perderme la inscripción para el primer taller.

Ahora haré una pausa, luego de contarte parte de mi experiencia, te pregunto:

¿Dónde nacen tus anhelos?

✓ Comienza a plasmar en papel esos momentos en donde has sentido nacer un anhelo.

✓ Crea tu propio diario para escribir las cosas que ocupan tu mente.

No hay mejor tiempo que el ahora para comenzar a darle forma a la estrategia de cómo alcanzar cualquiera que sea tu meta a seguir.

- Hagamos el recorrido juntos

- Seamos parte de una generación que se levanta firme

- Ten la convicción de que los sueños se pueden hacer realidad

- Muéstrate dispuesto(a) a crecer junto a los demás

- Abre tu mente a nuevos aprendizajes y al desarrollo personal

- Atrévete a dar el primer paso para convertirte en la mejor versión de ti mismo(a)

Demostremos con hechos que cuando nos unimos en un mismo sentir nos convertimos en:

Una fuerza imbatible, capaz de sobrepasar cualquier holocausto, guerra mundial, pandemia (Como la que atravesamos ahora por el COVID-19).

Porque la historia demuestra que hemos sido creados con la capacidad de evolucionar, adaptarnos y ser mejores.

Rutina: Se trata de aquella actividad que al haberse realizado muchas veces se incorpora como hábito o costumbre, de modo que se ejecuta libre de decisiones, es decir de forma mecánica o automática.

En nuestro caminar por la vida, desde nuestra niñez se van agregando a nuestro subconsciente y forma de ser, hábitos y costumbres que se hacen parte arraigada de nuestra personalidad, nuestro carácter y la forma de reaccionar ante distintas situaciones.

Un clásico ejemplo es cuando nos preparábamos para ir a la escuela y nuestros padres nos decían: "*Apúrate para que no llegues tarde*", inculcando en nosotros el sentido de responsabilidad, en cuanto a la puntualidad se refiere.

Otro ejemplo es el típico: "*No hables con la boca llena*", mostrando este último modal sobre cómo comportarnos en sociedad o reuniones públicas.

Así sucesivamente se van añadiendo nuevas reglas de protocolo y profesionalismo, creando un carácter de lo que es correcto e incorrecto en el medio en que nos vamos a desenvolver en nuestra adultez, recursos que nos van a abrir un sinnúmero de puertas en lo adelante; siempre que actuemos de forma genuina y con respeto.

En la medida que nos vamos adentrando a lo profundo de la actuación, cada uno va desarrollando su propia metodología para construir la historia de su personaje.

Antes de llegar al momento de la escena a presentar:

- Debemos estar abiertos a acatar las observaciones del director y el productor del proyecto, implementando los cambios debidos de manera rápida y eficaz para seguir fortaleciendo nuestro personaje.

- Otro punto importante es imprimir nuestro toque personal a la interpretación que vamos a realizar, partiendo del análisis previamente realizado, ponderando los rasgos que pueden aportar a maximizar nuestro personaje.

- Se hace imprescindible realizar la memorización de las líneas del guión que nos toca aprendernos para hacer la puesta en escena y dar vida a ese personaje.

- **No olvides escribir las ideas que llegan a tu mente**: es elemental tomar notas en el guión y aplicarlas cuando estés memorizando y haciendo los ejercicios de creación de personaje.

- Memoriza los pasos que se deben realizar de manera individual y que prosiguen con la puesta en escena de tus compañeros, esto facilitará la integración y nos permitirá asociar nuestro accionar con el texto, las palabras o gestos de los demás.

- Si tienes claro cuándo debes tomar acción, el lugar en el que debes estar situado y la posible postura o palabra que dirá tu compañero de escena, todo fluirá de mejor manera.

- A veces olvidamos lo que tenemos que decir, por eso es importante grabar en nuestra memoria alguna palabra, o gesto de nuestro compañero que se convierta en pista y pase directo para que tomemos la palabra accionando de manera automática nuestra memoria corporal que está directamente ligada con el texto que nos corresponde citar de manera fluida y natural en escena.

- Cuídate siempre de "no pisar" a los demás, es decir, hablar encima o al mismo tiempo que tu compañero(a) actor (actriz), a menos que sea parte específica del guión.

Estas son algunas acciones que se deben convertir en hábitos o rutinas para que podamos obtener un mejor resultado en nuestras presentaciones. Y te puedo asegurar que si haces una reflexión de tus experiencias de forma continua, encontrarás muchos otros posibles hábitos que mejorar, así que evalúate y empieza a aplicar las cosas que tu intuición también te mostrará.

¿Qué papel juegan las redes sociales en la rutina?

Dentro de nuestra rutina diaria debemos incorporar la práctica de gestionar las diferentes redes sociales que nos proveen acceso a múltiples oportunidades laborales en los medios de comunicación.

Para esto debemos cuidar detalles como mantener un perfil limpio o estilizado, no subir cualquier cosa, cuidar que todas las imágenes reflejen calidad y profesionalismo.

Que toda publicación cumpla con un objetivo y pueda lograr el cometido de captar el interés de quienes la observen.

Seguir personas claves que puedan aportar a nuestro crecimiento

Mantenernos enfocados en los que de una manera u otra pueden servir como canal para nosotros poder obtener un trabajo, para proyectos de cine, televisión, comerciales y oportunidades de representación.

Hacer enlace con personas que nos puedan orientar sobre su proceso para obtener las cualificaciones necesarias para pertenecer a la unión de actores SAG-AFTRA como miembro activo o cualquier interés particular que tengamos.

Organizarnos y proyectar una buena imagen

La organización y la planificación en nuestros inicios es base fundamental para establecer nuestros nombres en las diferentes agencias de casting con un buen record de:

- Asistencia

- Puntualidad

- Profesionalismo

- Colaboración en el set

- Improvisación en el set de acuerdo a lo requerido en la escena

Adquirir una agenda o calendario de planificación de 365 días y actualízarla constantemente con:

- Las audiciones

- Contrataciones

- Clases y Ensayos

Para evitar conflictos con dos compromisos el mismo día y a la misma hora.

¡Atención!

Ningún rol o papel es pequeño, debemos asumir cada oportunidad que se nos presenta con:

- Humildad

- Madurez

- Agradecimiento

- Entrega

- Vocación de servicio

Cada papel debe ser interpretado poniendo el corazón e intentando dar lo mejor, cuando hacemos algo sin pasión es percibido por los demás.

Recuerda que la cámara no miente, y lo más mínimo que sucede en el marco del set de filmación es captado por la producción y la dirección del programa en el que trabajamos.

A lo largo de nuestra travesía en los medios nos encontraremos con varios tipos de personas:

- Los que perseveran en conseguir su sueño y siempre coinciden en clases de actuación y en actividades de crecimiento profesional o networking.

- En audiciones de interés común.

- Cuando vamos a trabajar en los set de filmación.

Al principio, los encontramos muy seguido, pero a medida que pasa el tiempo se ve los que están en serio y los que no, pero independiente mente de los que permanecen o se bajan del barco, debemos estar enfocados en continuar con nuestro objetivo. No permitir que el desinterés tenga influencia en nosotros.

En ocasiones compartiremos con personas que admiramos

Si nos corresponde trabajar junto a grandes actores o figuras del mundo del arte que admiramos, no olvidemos que en ese momento no estamos en condición de fanáticos, somos sus compañeros de trabajo, por tal razón evitemos las distracciones y concentrémonos en lo que debemos hacer.

Ciertamente, esta carrera nos apasiona y nos llena de emoción poder compartir en el mismo salón con nuestras estrellas favoritas, pero cuidado, no dejemos nublar nuestra mente cuando estemos en el set con estas personas, recordemos mantener la compostura y el profesionalismo en toda ocasión.

CAPÍTULO 3
ÁREAS EN El SET DE FILMACIÓN

Dependiendo de la escena que se va a filmar, a veces existe más de un set, basado en la variedad o complejidad del día.

Dentro de los carteles que utiliza la producción para comunicarse con el personal y los actores figuran:

- ❖ SET ➜

- ❖ HOLDING ➜

- ❖ CHECK IN ➜

- ❖ CATERING ➜

- ❖ BREAKFAST ➜

- ❖ WARDROBE ➜

- ❖ HAIR & MAKEUP ➜

- ❖ CRAFTY ➜

- ❖ BATHROOM ➜

- ❖ PROPS ➜

❖ NOMBRE ESPECÍFICO ➜

❖ STUNT ➜

❖ STAND IN ➜

Breve descripción del significado de cada letrero y su uso para dirigir el tráfico y orden en el set de filmación:

SET:

Usualmente se encuentra en el perímetro que abarca las diferentes áreas que están siendo utilizadas por la producción para las escenas a filmar en ese día, comprende las calles y áreas comunes para desplazarse de un lugar a otro cuando no se está siendo utilizado en la filmación de una escena específica.

HOLDING:

Es el área común donde los actores se encuentran en espera de ser llamados para ir al set de filmación, se suele tomar esta área como espacio idóneo cuando no se está haciendo algo en específico, como por ejemplo:

Cambiándose, Maquillándose, participando en la escena, etc.

Normalmente, el holding es supervisado por los asistentes de producción para asegurarse que las pertenencias de los actores estén seguras mientras estos se ausentan para el cumplimiento del protocolo establecido por la producción.

Es ahí donde nos reportamos a primera hora y hacemos el **CHECK IN** (notificación de la entrada al día de trabajo) con uno de los asistentes de producción.

Acto seguido, el asistente de producción nos indica el área que se nos asignó para sentarnos y poner nuestras pertenencias.

Usualmente, se debe mantener silencio o hablar en voz baja en esta zona por su cercanía al área de filmación; la mayoría de los actores aprovechamos este tiempo para seguir aplicando a nuevos trabajos en los días venideros después de ser aprobados por:

- *WARDROBE (vestuario)*

- *MAKE UP (maquillaje)*

- *HAIR (pelo)*

- *PROPS (accesorios)*

Desde que comencé a trabajar en la actuación, más del 80 % de las veces que me encuentro en el área de HOLDING consigo nuevas oportunidades de trabajo o alguna audición para un personaje o comercial.

Es cuestión de mantenernos enfocados haciendo preguntas a los colegas que tienen más experiencia dedicándose al séptimo arte.

Intercambiar impresiones con los compañeros es importante, siempre descubrimos algo nuevo y sus consejos pueden servir de guía, por lo regular tienden a contar cómo ha sido su trayectoria desde que comenzaron en este medio y sus orientaciones pueden servir como farol.

Para mí, cada historia es:

- Diferente e interesante

- Me emociona ver cuando estamos contando nuestros orígenes y dónde queremos llegar

Donde nos colaboramos y apoyamos desinteresadamente porque sabemos el esfuerzo que conlleva en los inicios mantenerse firme y seguir adelante.

El rompecabezas va tomando forma y se crean nuevas montañas a escalar y metas por cumplir.

CHECK IN:

Indica área designada usualmente en HOLDING para registrar la entrada y salida oficial del set de filmación.

En este lugar nos entregan los formularios a completar para poder recibir el pago por nuestros servicios en el correo.

El asistente de producción verifica que nuestras identificaciones están en orden, vigente y sin expirar.

Existen dos tipos de contratos de pago:

Pago de Unión:

Se ofrece a los miembros de la Unión SAG-AFTRA, o a algunos talentos que ese día serán contratados como si fueran miembros activos de la Unión, (a estas personas dicho trabajo le servirá para obtener uno de los tres *Waivers* que se necesitan como **Background/extra** para calificar como personas aptas para formar parte de la Unión).

Pago Non-unión:

Destinado a los actores que no son miembros de la Unión. Es preciso destacar que hay quienes por falta de los tres *Waivers* no pueden calificar para hacerse miembro de la unión o debido a la naturaleza del tiempo parcial que le dedican a la carrera no les es factible invertir esos US$3,000.00 dólares de costo por la membresía.

La forma de pago y los beneficios varían en estos dos tipos de contratos, más adelante desglosaré las diferencias en la forma de pago de cada uno.

CATERING:

Área reservada para el almuerzo, tipo bufet, que en la mayoría de las producciones tiende a ser compuesto por una nutritiva variedad de alimentos.

Sin embargo, algunas producciones no ofrecen este servicio y simplemente dan un **WALK AWAY** lunch, donde puedes salir a comer con tu propio dinero a un restaurante cercano o ingerir la comida que traes de casa.

Existen unas reglas que son comúnmente compartidas en todas las producciones con relación al orden en el que nos aproximamos a hacer la línea para el almuerzo:

- Inician con el personal de la producción (*Crew*), incluyendo **Stunts** & **Stand** *In talent.*

- Luego siguen los miembros de la unión SAG-AFTRA y todo el talento contratado como SAG-AFTRA por el día.

- Seguido por el talento Non-Unión.

- Finalmente, pasan los empleados del área de Catering.

Usualmente, hay alimentos en abundancia, razón por la que muchos repiten y toman para llevar a casa o comer en el transcurso del día, pues en el set se trabaja entre **10 y 14 horas al día**, sin contar el tiempo de preparación en casa, trasladarnos desde nuestros hogares hasta el set y viceversa.

Claro, hay excepciones en los días de contrataciones de actuación, en los que solo trabajamos dos o tres horas y nos pagan el día completo.

BREAKFAST:

A diferencia del catering esta área es para desayuno, tiene una variedad exquisita de alimentos a degustar e ingerir (en la mayoría de las producciones).

En la medida que vamos adaptándonos a la rutina de las distintas producciones vamos desarrollando nuestro propio estilo, siempre dentro del marco del respeto y profesionalismo.

Por ejemplo, algunos llegamos 30 minutos antes de la hora de entrada asignada para el *Check in*, teniendo tiempo de ir al área de desayuno en forma pacífica y gratificante, sin ningún tipo de presión por parte de los asistentes de producción.

Dependiendo la cantidad de talento contratado para ese día y la distancia hacia donde debemos desplazarnos desde el área de holding al desayuno, a veces no alcanza el tiempo para:

- Hacer la fila

- Obtener lo que deseas comer ese día

- Comértelo

Antes de volver al cronograma y planificación por parte de la producción para el día.

WARDROBE:

Área designada para la aprobación del vestuario a utilizar en la/las escena/s a filmarse.

Mostramos las propuestas que traemos desde la casa para ser aprobadas o complementadas con alguna otra pieza por parte de la producción.

Cuando recibimos algún complemento, entonces:

- Debemos entregar nuestro contrato recibido en el **Check in**, como garantía.

- Para ser retornado al final de la jordana laboral después de la devolución de los artículos recibidos.

HAIR & MAKEUP:

Aquí se verifica que nuestro maquillaje y pelo están de acuerdo a lo que se necesita de nosotros como talento para el papel a desempeñar.

La mayoría de las veces llegamos listos para estar frente a la cámara.

Otras veces, la producción solicita nos hagan ciertos ajustes en alguna de las áreas o ambas.

CRAFTY:

Área designada para algunas frutas y aperitivos, usualmente existen dos áreas, una designada para **crew** y talento de la **unión** (Union), otra para talento que no es miembro de la unión (**Non-union**).

Ambas coinciden con tener café y agua disponible, no en variedad de frutas y aperitivos.

BATHROOM:

Nos indica donde están localizados los servicios para damas y caballeros.

PROPS:

Área designada para administrar los distintos accesorios a utilizar por el talento en las distintas escenas.

Por ejemplo:

- Cámaras
- Teléfonos
- Laptops
- IDs(Identificaciones)
- Gorros
- Sombreros
- Pistolas
- Etc.

Al recibir algún material desde esta área, debemos dejar una identificación como garantía para ser retornada al final del día.

Es recomendable que aportemos nuestros propios accesorios que vayan acorde con la descripción del rol al cual aplicamos y fuimos seleccionados.

Una vez aprobados por el personal de PROPS, estamos listos para nuestra puesta en escena, retornamos al área de Holding y esperamos pacientemente nuestra llamada al set.

NOMBRE ESPECÍFICO:

Son asignados a los distintos camerinos y oficinas para distintos grupos de la producción, usualmente no se nos permite libre acceso al talento asignado al área de HOLDING.

STUNT:

Personal especializado para hacer doblaje de los actores principales en peleas, manejo de vehículos, etc.

Este talento recibe remuneración económica de actor principal en la categoría de la Unión SAG-AFTRA, de casi US$1,000 dólares diarios.

STAND IN:

Talento designado para hacer la prueba de cámara de los actores principales en el desplazamiento de inicio a fin, deberá estar en todas las escenas diseñadas para el actor principal fuera de cámara.

Esta posición requiere más responsabilidad e involucramiento del talento, debido a que se debe prestar atención a todas las directrices que se emiten de parte de la dirección y producción para el rodaje de las escenas.

Estamos parados usualmente en la marca donde el actor principal le toca la acción, en lo que se cuadran las luces y todos los detalles de la escenografía.

Es prioridad del talento ejerciendo como Stand In, cuando no está en la marca del set, ubicarse detrás de uno de los monitores de la producción para ver la forma en que el actor principal está desarrollando la escena y las correcciones que se hacen para incorporarse inmediatamente en la rutina.

Esta posición es una de las mejores oportunidades de aprendizaje que se pueden tener como actor que está comenzando a hacerse camino al andar en este fascinante mundo del séptimo arte.

Ejercicio:

¿Qué rutina(s) realizas en la actualidad?

¿Podrías mejorarla(s)?

¿Qué entiendes necesitas implementar o incluir en la rutina para obtener los resultados que esperas?

❖ *A*CTION ➜

❖ FREEZE ➜

❖ CUT ➜

❖ RESET ➜

❖ MOVING ON ➜

❖ FROM THE TOP ➜

❖ PICKING UP ➜

❖ ROLLING ➜

❖ ITS A WRAP ➜

ACTION:

Señal que el director emite indicando que el rodaje debe comenzar, en la etapa de acción no es permitido hacer ningún tipo de ruido o sonido que no haya sido autorizado por la producción.

Se debe prestar atención a la marca inicial asignada y la acción que vamos a realizar durante la escena.

A menos que sea una orden expresa de la producción, siempre debemos hacer **mímica al hablar**, sonreír y gesticular **sin emitir ningún tipo de ruido** que pueda interferir en el sonido de la grabación y, por ende, tengamos que repetir la escena.

FREEZE:

Cuando esta señal es emitida por la producción, todo el talento debe detenerse y quedarse paralizado, hasta que se dé la orden de lo que debemos hacer próximo.

CUT:

Es el llamado a corte de la acción emitida anteriormente. Se emite por varias razones:

- Uno de los actores no hizo la escena como la producción y dirección espera

- Simplemente se completó la secuencia que se esperaba hacer

- Al realizar la revisión de la toma los productores quieren hacer una nueva para seguridad

- Necesitan tratar otra perspectiva de la misma escena para comparar en la edición final

RESET:

Al escuchar esta palabra debemos volver a nuestra posición inicial para esperar: BACKGROUND O ACTION en la nueva toma para repetir la acción de la escena que nos toca e incorporar algún cambio de ser solicitado por la producción.

MOVING ON:

Si escuchamos esta orden después de que la producción revisa la toma recién finalizada, significa que vamos a avanzar con la secuencia de grabaciones del día.

FROM THE TOP:

Debemos movernos a nuestra primera marca desde el inicio de la toma.

PICKING UP:

Vamos a retomar la escena a partir de algún momento específico elegido por la producción después del inicio, ya filmado y aprobado de una toma. Usualmente a partir del último corte antes del **moving on**.

ROLLING:

Al director decir esta palabra, los asistentes de producción en las diferentes áreas del set la repiten para poner en alerta tanto el talento como el apoyo técnico de la producción, indicando que ya se está grabando, momento en el cual el silencio debe reinar en medio de todo el escenario y se debe evitar movimientos y sonidos innecesarios.

IT'S A WRAP:

Frase que todos esperamos al concluir nuestra ardua labor y marca el final del itinerario de filmación del día.

Después de este enunciado:

- Se procede a devolver los accesorios recibidos por la producción en el área de PROPS.

- Se nos devuelve la identificación depositada al inicio de la jornada como garantía.

- Devolvemos el vestuario en el área de WARDROBE, de haber recibido alguno.

- Ahí nos devuelven el comprobante de *Check In,* recibido al inicio del día para que producción pueda procesar nuestro pago.

- Finalmente, nos dirigimos al área de CHECK IN para que los asistentes de producción revisen los formularios.
- Completan los formularios en su totalidad.

- Nos entregan la copia que nos corresponde.

Dependiendo la hora que termina la producción y el área donde nos tocó trabajar:

- Si nos reportamos de manera individual en nuestro propio vehículo, nos vamos directamente a nuestros hogares conduciendo nuestro auto.

- Utilizamos el autobús de cortesía de la producción para acercarnos al área central donde nos recogieron por la mañana.

- O tomamos una Van de la producción para acercarnos a la terminal de Grand Central en **Downtown** New York.

- **C**entrados

- Calmados

- Seguros

- Sin pretender

- Mostrando nuestra mejor versión en todo momento

- Con humildad

- Preparados con nuestra historia del personaje

- Ejecutado en múltiples ocasiones

- Con dos o tres formas diferentes de interpretación

- Mostrando un gozo genuino y autenticidad en nuestra caracterización

Ya que el proceso de audición es parte fundamental de la rutina de contratación para los roles a los cuales aplicamos en los sitios de internet que utilizamos para conseguir trabajo.

Las audiciones pueden ser en persona o virtuales; la producción envía las instrucciones de lo que se busca en nosotros al momento de presentar nuestro material.

Existen consecuencias por confirmar una audición y luego cancelarla a último minuto o no presentarse. Este comportamiento demuestra irresponsabilidad de nuestra parte y falta de profesionalismo.

Debemos cuidar nuestra imagen, a toda costa, en todo proceso que envuelve nuestra labor y trayectoria en el arte.

Leer el libreto que nos envía la producción para la audición las veces que sean necesarias.

Mantener la confidencialidad de todo documento que se nos da es imperativo, incluso si no llegamos a firmar un **NDA** (Acuerdo de Confidencialidad – **Non Disclosure Agreement**).

La práctica hace al maestro, algunos talentos utilizamos los servicios de Asesores Actorales (Acting Coach) para audiciones que consideramos importantes.

Otros, contratan los servicios de lectores que le colaboran la parte de voz en off que se encuentra en el libreto.

De igual manera, otros utilizan los servicios de estudios de grabación para realizar el video de audición que le requiere la producción.

Cada talento crea su propio método de aprendizaje o recorre su propio camino para encontrar el éxito en las artes escénicas.

La gran mayoría tenemos en común que:

- Invertimos en nuestra educación para capacitarnos de la mejor manera

- No estamos en esto por el dinero, aunque se convierte en añadidura y posteriormente genera una muy buena remuneración económica

- En los inicios son muchas las horas, el esfuerzo que debemos invertir y los ingresos no parecen estar acorde con los sacrificios que hacemos.

- Entendemos que pertenecemos a una comunidad de soñadores, que nos une un mismo sueño y, como tal, nos apoyamos dentro de lo posible, nos damos aliento, y nos motivamos los unos a los otros a seguir adelante y no desfallecer.

- Desarrollamos un mecanismo de defensa para alejarnos de la mediocridad y del que no está en serio en esto, porque una mala junta puede mal influenciarnos y hacer que no tomemos el camino correcto.

- Aprendemos a dar consejo siempre que se nos solicite, respetando la individualidad que poseemos cada uno, independientemente de la parte del trayecto en que nos encontremos en nuestro recorrido.

- Sabemos que solo necesitamos una sola "gran oportunidad", pero nadie sabe cuál será, ni dónde se origina la cadena de eventos que llevan a la misma, por esta razón, valoramos todas las oportunidades como si fuera la que nos va a catapultar para hacer nuestros sueños realidad.

- El número de audiciones va incrementando en la medida que nuestro portafolio va creciendo. Complementándose con fotos de estudio profesionales y con pequeños recortes de las distintas participaciones que hemos tenido, en proyectos que nos ofrecen un video reel.

En la medida que nos sentimos más cómodos con las audiciones, también aumentan los **CALL BACKS,** que son segundas y terceras audiciones para el mismo papel que hicimos la primera audición.

Este proceso nace de la depuración que hace la producción de la cantidad total de talento que aplicó en la parte inicial; van haciendo recortes y dejando los que van cumpliendo con todos los requisitos que se buscan para dicho personaje.

Después de pasar el proceso de las audiciones quedamos en la fase final, donde se pueden dar los siguientes escenarios y términos:

- ❖ HOLD ➔

- ❖ FIRST RESUSAL ➔

- ❖ BOOKED ➔

- ❖ TABLE READING ➔

- ❖ REHEARSAL ➔

- ❖ FITTING ➔

- ❖ FINAL REHEARSAL ➔

HOLD:

Cuando un director de casting nos requiere, este estado significa que debemos aguantar las fechas que se nos pidan porque las posibilidades de que el papel sea nuestro son muy altas, pero aún no lo tenemos.

Usualmente está entre nosotros y otra persona más, o sea, de cientos de aplicaciones estamos en los favoritos para obtener la oportunidad y el privilegio de ser parte de ese proyecto.

Esta espera es agonizante, para que mentir, en verdad un poco desesperante por el simple hecho de que usualmente se presentan al mismo tiempo varias oportunidades y debemos dejarnos llevar de nuestra intuición personal para saber cuál camino seguir y cuál declinar.

Ahora, la comunicación y el profesionalismo son las llaves que nos abrirán un sinnúmero de puertas, pues, esos directores quizá no nos seleccionen para ese proyecto, pero nos tendrán presente cuando aparezca otro papel para el cual nuestro perfil sea idóneo.

Llevar una agenda de forma adecuada ayuda a que tengamos marcado en el calendario los días con sus diferentes estados y las producciones para las cuales nos comprometimos a trabajar.

Si no se da la primera opción, es imperativo dejarle saber a la segunda opción que tengamos, de forma transparente, que estamos comprometidos, eso denota en nosotros un profesional con quien todos quieren trabajar.

FIRST REFUSAL:

En esta etapa, oficialmente estamos en los dos favoritos del director de casting, simplemente a la espera de que la producción y dirección del canal tomen la decisión de a quien escogen para darle el papel.

Es importante dejar saber al director de casting cualquier otra oferta que tengamos que coincida con el tiempo en el cual se nos va a requerir en ese proyecto de ser seleccionados.

Si aceptamos este estado de FIRST REFUSAL, significa que le vamos a dar la primera opción a ese proyecto, en el caso de tener otra oferta en el mismo periodo, información que debemos comunicar tan pronto nos enteramos de la segunda o tercera oferta.

Menciono todo esto porque el flujo de aplicaciones para trabajar y las audiciones no puede parar en ningún momento por nada que no sea:

- La firma de un contrato

- Hasta no firmar el contrato debemos seguir con el diario vivir

- Llenando aplicaciones

- Preparándonos para otras audiciones

- Perfeccionando nuestras habilidades

Algo que llevamos todos los que nos dedicamos a esta carrera es:

- Desde que salimos de una audición seguimos con la próxima

- Sin ofuscarnos

- Bloquear nuestra versatilidad como talento

- Capacidad interpretativa

- Estamos siempre listos

- El show debe continuar

- No tomarnos nada personal

Nos impulsa a ser mejores cada día y en la medida que vamos involucrándonos en mayores procesos, si somos constantes en nuestra:

- Capacitación

- Practica

- Esfuerzo

- Profesionalismo

Los resultados van a llegar, es cuestión de estar siempre listos, sin importar lo que se nos presente en frente.

BOOKED:

Es una de mis palabras favoritas, pues significa que estamos contratados para desempeñar un papel específico, que puede ser de:

- Uno

- Dos

- Tres

- Cinco

- Siete días

- Una temporada (*CORE*) parte de un departamento en específico, donde cada vez que se hará una filmación con ciertas áreas o protagonistas, nosotros somos parte de ese equipo y debemos estar disponibles para trabajar en toda la temporada de dos a cinco días por semana.

Cualquier otra oferta que tengamos pasa a un segundo plano mientras estamos en CORE o con un compromiso de varios días en una serie donde debemos ser parte de la continuidad de la escena.

Tres a cuatro días a la semana es suficiente por la longitud de las horas que se trabajan diariamente, no quiere decir que cuando lo hacemos por cinco o seis días no lo disfrutemos de igual manera, porque sí lo hacemos.

Es lo que marca la diferencia de hacer algo que te gusta y te apasiona, sin importar la cantidad que estás ganando, notándose un nivel de seriedad y entrega a la causa.

Podemos ver que no todo el que comienza este camino continúa en él, las horas que te exige, la disciplina que implica cada uno de los procesos que integran las diferentes áreas para hacer el producto final que vemos en nuestras casas o en las salas de cine, es simplemente mágico, pero requiere sacrificio.

El esfuerzo y colaboración de todas las áreas involucradas hace que cada proyecto represente como un panal de abejas o una colmena de hormigas que trabajan en equipo haciendo un ecosistema autosuficiente, por describirlo de alguna manera.

Si bien es cierto que estar en esta etapa es buenísimo porque ya nos garantiza que estamos contratados para trabajar, no es menos cierto que el cancelar por una u otra razón es una práctica no recomendada.

Debido que cada vez que un talento cancela a última hora o simplemente no se presenta al área de *Check in* a su hora esperada, genera un RUSH CALL, (llamada de urgencia) para contratar un reemplazo lo antes posible.

Los gastos que implica preparar la plataforma para contratar a todo el talento, producción, casting, comida, equipos, traslados, creación de escenario, permisos, etc,

etc, etc, se ven afectados por la falta de cualquiera de las partes de este engranaje perfecto que es creado por vía de la planificación, dirección y producción del proyecto en donde todo tiene una razón de ser y va a ser utilizado de una forma u otra por más pequeño o insignificante que pueda parecer.

Entendemos que hay cosas que pueden pasar, pero debemos tener cuidado en caer en prácticas que nos lleven a ser fichados como "no profesionales" en cualquier trabajo que representamos a la agencia de casting que gestionó nuestra contratación.

Al final del día, el compañero o compañera que se sienta a tu lado en el área de holding, o quien es asignado(a) a trabajar contigo en escena, puede ser quien te refiera a otro proyecto o te contrate para trabajar en una obra de teatro, como me pasó en la vida real.

Nunca sabemos quién en medio nuestro es cazador de talento y está en búsqueda de nosotros para tal o cual proyecto.

TABLE READING:

Etapa muy gratificante y emocionante, pues usualmente es cuando conocemos por primera vez el equipo con el cual estaremos trabajando en el proyecto y cada uno lee su parte, sentados alrededor de una mesa con nuestros libretos, en presencia de la producción y dirección.

Antes de llegar a esta etapa, ya nosotros de manera individual e independiente usualmente:

- Pasamos por el proceso de audiciones

- Fuimos seleccionados

- Hemos leído y aprendido nuestro diálogo hasta el cansancio

- Es parte de nuestro subconsciente

- En espera de ser asociado con los movimientos que tendremos en el escenario

- El paso de nuestros compañeros en escena

- Asociando palabras con nuestra entrada y finalización de diálogo

Todo actor debe siempre estar abierto:

- A cambios

- Improvisaciones

- Los ajustes que sean necesarios para dar mejores resultados en la visión que se espera de nosotros por parte de la producción y dirección del guión.

REHEARSAL:

Se refiere a los ensayos, en el set se dividen en:

- *FIRSTTEAM* (primer equipo) *REHEARSAL* compuesto por las estrellas o principales.

- *SECOND TEAM* (segundo equipo) *REHEARSAL* compuesto por el talento *STANDING IN* o *STUNTING IN* o *HAND DOUBLING* (Dobles de mano) o *BODY DOUBLING* (Dobles de Cuerpo) para las estrellas o principales.

Esta división solamente existe en producciones con presupuesto, pues hay otras donde la estrella o actor principal tiene que hacer todas las tomas por sí solo.

FITTING:

Usualmente se realiza en menos de dos horas, es mandatorio para algunas producciones realizarse la prueba del vestuario antes del día programado para la filmación.

El pago por esta función es menor a cuando trabajamos en el set, usualmente dos horas del salario diario por ocho horas o ¼.

La mayoría de nosotros tomamos ventaja de este tipo de requisitos para hacer nuestra cita lo más temprano posible.

Así podemos aplicar para cualquier RUSH CALL de los talentos que cancelan a último minuto o no se presentan al set a su hora, complementando nosotros de esa manera el ingreso del día con un papel de última hora.

Coordinando de igual manera citas para audiciones en las horas restantes después de terminar el proceso de FITTING.

FINAL REHEARSAL:

Utilizado mayormente en producciones teatrales y presentaciones en vivo, donde todo el equipo de talento se presenta con el vestuario y accesorios a utilizar en la obra o rodaje.

La producción se encarga de realizar el montaje, pruebas de sonido y efectos necesarios de la escenografía a utilizar, al tiempo que realiza un cronometraje del tiempo real que se lleva la obra en su totalidad para comparar con los requisitos del teatro donde se presentará y hacer los ajustes que sean necesarios.

Debido a que en ocasiones las mismas instalaciones se utilizan para presentar distintas funciones y producciones, incluyendo en el cálculo del tiempo el ensamble, desensamble de la escenografía y entrega de los camerinos por parte del talento que debe asegurar la vestimenta para la próxima función, antes de partir.

CAPÍTULO VI
CAPACITACIÓN: CLASES DE ACTUACIÓN Y SEMINARIOS

*L*a capacitación y toma de clases de actuación o seminarios es un tema que dentro de la comunidad está dividida en dos partes:

Una parte apoya y está de acuerdo en que no es necesario gastar dinero en este tipo de actividades para trabajar en la industria y esto es comprensible hasta cierto punto.

Y la otra parte cree, y me incluyo, que somos talento en desarrollo toda la vida y, por tal motivo, siempre debemos estar tomando capacitaciones de algún tipo, talleres o seminarios para mantener nuestras capacidades evolucionando de acuerdo con los tiempos.

Todo el material que citamos en este libro es desde un punto de vista positivo, didáctico y motivante, queremos influenciar de una manera efectiva a todo aquel que necesite una guía o compendio de experiencias de primera mano con información y puntos de vistas de los distintos procesos que me hubiera gustado saber o tener conocimiento cuando comencé a recorrer este maravilloso camino del arte en los Estados Unidos.

Todo proceso ha jugado un papel importante en mi trayectoria, me ha ayudado a descubrir talentos que tenía enterrados dentro de mí, sacarlos a flote, desarrollarlos, mostrando mis capacidades, específicamente en el área de la escritura de guión y puesta en escena.

Definitivamente, ayuda tomar clases que colaboren con la creación de nuestro portafolio de fotos profesionales, videos mostrando las diferentes facetas que podemos desarrollar y las capacidades que poseemos.

Debemos enfocarnos en el aprendizaje desde un punto de vista panorámico y al mismo tiempo individual, en donde nos damos la oportunidad de aprender desde el punto de vista de la dirección y producción de un proyecto para llevarlo a lo que ellos quieren y esperan de nosotros en escena.

Este concepto de empatía nos ayuda a ser más claros en cuanto a cómo procesamos los requerimientos que se nos hagan en el set o en los ensayos y nos da la oportunidad de incorporarlos de manera inmediata en nuestra rutina y la elaboración del enriquecimiento de nuestro personaje.

Si tenemos la virtud de hablar varios idiomas, debemos diversificar las clases y seminarios que tomamos para desarrollarlos en todos los idiomas que dominamos.

Esto nos favorecerá cuando estamos en serio en desarrollarnos y crecer en la industria cinematográfica y las producciones de series de televisión, cable, Netflix, Amazon, entre otras.

Este proceso no va a ser de la noche a la mañana, claro está, existen excepciones en cada regla, ahora, debemos ser objetivos y tener claro que probablemente nos toque recorrer el camino desde cero e ir escalando esta maravillosa montaña del aprendizaje y desarrollo como actores.

Es impresionante todo lo que se aprende en cada una de las oportunidades que tenemos de trabajo, seminarios y clases que tomamos, todo fusionándose ante nuestros ojos, permitiéndonos ser testigos de cómo nace la magia de la televisión y el cine de la mano de nuestras estrellas favoritas.

Comparar las enseñanzas de los distintos seminarios y clases de actuación, el desarrollo y elaboración de un personaje, cómo le damos vida mediante la realización de los ejercicios en casa y en la escuela es gratificante.

Ser testigos en las grandes producciones de cómo aplican esos mismos conceptos nuestras estrellas en el set y ver cómo se mantienen:

- Humildes

- Profesionales

- Concentrados

- En personaje todo el tiempo

- No tiene precio.

Presenciar que los mismos profesionales de años de experiencia pasan por el mismo proceso de:

- Duda

- Frustración

- Desesperación

- Soledad

- Tristeza

- Felicidad

- Fracaso

- Éxito

- Etc.

Ver que muchos de ellos una vez comenzaron y estuvieron donde hoy estamos nosotros:

- Verlos llegar

- Compartir con ellos en una producción

- Nos da la motivación

- Carácter

- Perseverancia

- Objetividad

Necesarias para seguir dando el todo por el todo y ser constantes sabiendo que vamos por buen camino:

- Que todo a su tiempo llegará.

- Nuestras metas van a ir materializándose ante nuestros ojos.
- Nuevas oportunidades de crecimiento se presentarán.

Cuando en medio del camino nos detengamos para mirar atrás, veremos hasta dónde hemos llegado:

- Cómo se va creando paso a paso nuestro portafolio.

- Nuestra hoja de vida y experiencia va creciendo.

- Vamos desarrollando un perfil específico.

- Descubrimos que se nos dan algunas cosas más fáciles que otras en la industria, nos contratan de tal o cual manera más seguida.

- Nuestro portafolio evoluciona de amateur a profesional.

Descubrimos que toda inversión hecha en nuestra capacitación, tanto económica como de tiempo invertido en:

- Clases

- Audiciones

- Sesiones de fotos

- Comerciales

- Películas

- Series de televisión

Cuentan una historia y aseguran que nuestro futuro en esta industria refleje nuestro compromiso con el arte y nuestra permanencia a nivel profesional.

No debemos desesperarnos en ningún momento, sino:

- Mantener esa chispa de incertidumbre.

- Querer aprender más.

- Perseguir nuevas oportunidades latentes a todo momento.

- Aprovechar cada interacción, por mínima que parezca, para dar lo mejor de nosotros.

- Al final, todo forma parte de un plan perfecto diseñado específicamente para cada uno de nosotros.

- Encajando cada pieza en un rompecabezas de manera perfecta.

- Revelando a su tiempo la etapa que nos toca recorrer.

Te comparto algunas escuelas a las que he asistido, clases, seminarios y talleres que han contribuido a mi formación:

✓ *New York Film Academy*
  Programa de Actuación para Películas
  en inglés *Acting for Film Program.*

✓ *NYC Latin Media*
  Talleres:
  Yo soy de Película y *Alfombra Roja.*

✓ *Dominican Center of Arts*
Taller de Actuación con Alfonso Rodríguez.

✓ *NYCasting* Manhattan NYC
Acting Master Class with
Aleta Chappelle (en inglés).

✓ *Cayenne Film Festival,* NYC
Stunt & Film Fighting Workshop with
Teddy Garces.

✓ *Backstage* Manhattan NYC
Film & TV Showcase.

✓ *Ultra Sonica Media Group*
Social Media & Communitations with
John Rengifo.

Cada entrenamiento y capacitación trajo consigo un aprendizaje maravilloso y la apertura a nuevas oportunidades:

Mientras realizaba el taller *Yo Soy de Película 2,* con nuestro Coach Carlos Alfredo Fatule, tuve la oportunidad de involucrarme en el proceso de escritura de guión y encontré el potencial que tenía redactando unas cuantas de las escenas del cortometraje *"Money Latino"*.

En el próximo nivel, *Yo Soy de Película 3,* realicé la escritura de más de un 80 por ciento de las escenas del guión del mediometraje *"NANDO"*, que hoy se encuentra disponible en la plataforma *Pelidom.*

Para finalizar la trilogía con el maestro Fatule, realicé el guión completo del cortometraje *"Tesoros en el Cielo",* orientado para un taller de niños impartido por *Latin Talent Academy,* en New York.

Aunque llegue a involucrarme en *Yo Soy de Película 4,* llega un momento donde debemos tomar decisiones para el beneficio de nuestros intereses particulares y futuros proyectos.

Sentí que me estaba involucrando demasiado en un proyecto al que le había cedido todos mis derechos desde un inicio, hasta el punto de descuidar las operaciones de mi propia empresa, la cual me permite la libertad y flexibilidad de poder hoy día perseguir mis sueños y anhelos.

Tomé la decisión de cerrar ese ciclo de forma amigable y expandir mis horizontes y conocimientos volando solo, capacitándome con otros métodos de enseñanza para diversificar mis capacidades, involucrándome en proyectos que me impulsaran a crear un nombre en la industria cinematográfica y televisiva de los Estados Unidos.

Utilicé los videos de las tres colaboraciones con Carlos Alfredo para mi video reel de actuación.

De igual manera, NYC Latín Media en su programa Alfombra Roja coordina una sesión de fotos profesionales en el Parque Central de la ciudad de Nueva York con el maestro *José Sibaja,* director del periódico *El Especialito*, fotos que me sirvieron para crear mis primeros perfiles como actor y conseguir mis primeros contratos de actuación con remuneración económica.

Carlos Alfredo me ayudó a prepararme en mi primera audición para las tomas que se realizarían en New York para la segunda temporada de la telenovela *Por Amar Sin Ley*, que se' transmitía por la cadena de televisión Univisión.

Fui seleccionado para participar en uno de los episodios de dicha telenovela y no me lo podía creer, me sentía súper contento de estar en el set con nuestro asistente de producción, el actor dominicano *Anthony Álvarez*, quien imparte el curso de actuación: *D' Novela Taller, tomado por mi hermana Nikauris Vásquez, quien me motivó e inspiró a realizar el taller Yo Soy de Película, donde pude reencontrarme con mi vena artística 20 años después.*

Ese mismo día comenzó mi travesía en los medios, compartiendo con uno de mis compañeros, quien me habló de una película que filmarían al día siguiente en New Jersey, le pedí la información del casting, envíe un email al "casting director" con mis fotos y resume, y de esa manera, sin haber pensado que encontraría otra contratación tan rápido, de repente me encontraba en otro set trabajando y cobrando por hacer lo que me gusta y siempre quise.

En ese proyecto, una boda de lujo en el **Liberty Park, Jersey City NJ**, la vista era hermosa, de noche, frente a la Estatua de la Libertad, con el icónico panorama nocturno de la ciudad de Nueva York, una fascinante decoración al aire libre, con pista de baile y banda en vivo, todo un lujo.

La verdad, me considero una persona muy observadora y analítica, por ende, el día anterior mientras me encontraba en el set de **Por Amar Sin Ley** me di cuenta de varias cosas:

- La producción y la dirección siempre están al tanto del más mínimo detalle, pendientes de lo que sucede dentro del marco de la pantalla y el set en general.

- Aunque nos coloquen en un plano de espaldas a la cámara y casi fuera del marco del mismo, hay que dar el 100% e intentar enriquecer la escena con nuestra participación.

- Debemos aplicar en cada toma los conceptos de improvisación y continuidad.

- Tratemos de ser empáticos y siempre mantenernos coordinando con nuestro(a) compañero(a) de escena.

- <u>No olvides disfrutar el momento.</u>

Mientras estábamos en el set, apreciaba a los protagonistas concentrados en su libreto y siguiendo las recomendaciones del director; nosotros de igual manera continuábamos haciendo lo que se nos había designado, en nuestra marca.

En la medida que la escena transcurría, le dije a mi compañera:

-¿Quieres ver como terminamos detrás de los protagonistas?

Y me dice:

-¿Cómo vamos a hacer eso?

Le digo:

- Simplemente vamos a comportarnos como profesionales en todo momento.

- Prestemos atención a la voz del director.

- Sigamos las instrucciones que nos da el asistente de producción que tenemos asignado.

- Incorporemos nuestra propia rutina de improvisación dentro del marco de la escena que nos toca participar.

- En cada toma apliquemos el concepto de continuidad (repetir igual).

- Hagamos lo mismo cada vez que se esté repitiendo la escena a los fines de obtener tomas de diferentes ángulos de los protagonistas.

Los directores prefieren trabajar con un talento que:

- Sabe seguir instrucciones

- Tienen claro el concepto de continuidad

Ese talento en su mayoría es tomado en cuenta para aparecer al lado del protagonista, detrás del protagonista, etc.

Para nuestra sorpresa, en medio de una toma siento que todo se paraliza y el director se mueve por detrás al final del escenario, que era donde nos encontrábamos, mi compañera de frente a las cámaras y yo de espaldas.

Cuando el director realizó esa vuelta, ya habíamos hecho la escena unas dos o tres veces aplicando los principios anteriormente expuestos.

Después de esa toma nos movieron para el centro del salón, en ese movimiento nos colocaron a los dos de perfil, mirándonos cara a cara, y nosotros improvisamos nuestra rutina basados en los nuevos cambios y seguimos implementando el concepto de continuidad.

Al paso de varias tomas, en la nueva posición el director nos manda a hacer otro movimiento, esta vez nos pusieron al lado opuesto de donde comenzamos, en la próxima esquina, en posición similar cada uno de frente, pero esta vez bien cerca de donde se encontraban los protagonistas.

Decidimos mutuamente seguir con la misma rutina anterior, en ese momento se acerca **Anthony Álvarez**, me arregla el nudo de la corbata y nos dice:

"Chicos, están en el mismo centro de la pantalla, en el monitor detrás de los protagonistas, ya saben, no me hagan quedar mal".

Cuando Anthony se marcha fuera de cámara para ver desde el monitor la acción de la escena con el director y la producción de **Univisión,** yo sonreí mirando a mi compañera, como diciéndole:

"Te dije que terminaríamos detrás de los protagonistas".

Ella, como leyéndome la mente a través de la sonrisa, solo atinó a decirme en voz baja:

-¿Cómo sabías que nos pondrían detrás de los protagonistas?

Le contesté:

-Cuando me pusieron de espaldas a la cámara, en vez de sentirme mal, me dije a mi mismo:

"No pasa nada".

Lo que sucede es que después, en otra toma, me necesitarán de frente y me van a utilizar cerca de los protagonistas.

Fue cuando te hice la propuesta.

¿Recuerdas?

Simplemente recordé las enseñanzas de las clases de actuación que he tomado:

- Los principios.

- Conceptos básicos aprendidos.

- Recibimos la respuesta y recompensa de nuestro esfuerzo

- Compromiso.

- Trabajo en el arte.

- Al final, todos hablamos el mismo idioma en el set.

- Debemos coexistir y complementarnos los unos a los otros.

- Apoyarnos hace nuestra labor más fácil y placentera.

Al final del día, intercambiamos información y me dio las gracias por la sesión de coaching de actuación que le di a lo largo del día.

Retomando la escena de la boda, en vista de todo lo aprendido y compartido el día anterior, me pregunte a mí mismo:

¿Cómo se puede evitar ser el último en darle la marca inicial donde te vas a colocar para la escena en la que te contrataron?

¿No ser usado?

¿Devuelto a tu casa por llevar la ropa estrujada al set como le pasó a uno de mis compañeros ese día?

Bueno, creo que tengo que ser más proactivo, prestar atención a los requerimientos de los asistentes de producción y ofrecerme como voluntario para hacer la labor.

En lo que me estoy poniendo el tuxedo negro que llevé para la boda, para luego ir al área en donde se nos había instruido.

Veo a una de las compañeras que formaba parte del grupo de WhatsApp que creó D' Novela Taller para las audiciones de "Por Amar Sin Ley", que no fue seleccionada en el casting para trabajar con nosotros en New York el día anterior:

- Le saludé

- Me presenté

- Le conté un poco de la experiencia del día anterior

- Me dirigí al lugar asignado

Habíamos sido contratados para el mismo rol en la boda, en lo que estoy en el set:

- Veo que hay una pista de baile

- Hacía mucho frío

- Era invierno

- Al aire libre

- En New York

Esos calentadores portátiles que tenían en los alrededores del set no eran suficientes, pensé en las horas que estaríamos trabajando, que las personas en la pista de baile por estar en movimiento estarían más cómodas dentro de lo que cabe.

Me fui acercando al grupo de baile e integrándome poco a poco, cuando llegó la coreógrafa y preguntó:

¿Quienes querían bailar?

Inmediatamente me propuse y le seguí con el resto del talento seleccionado.

Me asignaron mi compañera, comenzamos a practicar la escenografía de un baile clásico oriental, la coreógrafa nos dio como 7 pasos, los cuales se podían combinar para hacer que se viera que todos bailábamos el mismo estilo, pero cada quien en su ritmo sin llegar a hacer lo mismo al mismo tiempo.

Al terminar con la coreógrafa nos escoltó para el set al área de baile y comenzamos a improvisar y calentar en el medio de la pista.

La producción permitía que utilizáramos nuestros abrigos cuando no había rodaje, nos teníamos que quitar el abrigo desde que decían *Rolling,* ponerlos fuera de cámara y rápidamente hacer nuestra rutina de improvisación.

Desde nuestra marca inicial repetí la operación del día anterior:

- Me puse de acuerdo con mi compañera para hacer una rutina juntos.

- Divertirnos en el rodaje.

- Ella era toda una veterana.

- Al parecer tenía mucho tiempo en la industria y rápidamente me seguía los pasos.

- Me daba sugerencias a incluir en nuestra rutina hasta el punto que los otros compañeros nos felicitaron.

- Nos decían que estaban celosos de nosotros por lo bien que nos acoplamos.

- Que éramos los mejores en la pista de baile.

- Porque aplicamos el concepto de improvisación en el contexto de los pasos que nos enseñó nuestra coreógrafa.

- Incluimos la continuidad.

- Después de cada corte volvíamos a nuestra marca inicial.

- Siempre sonriendo.

- Disfrutándonos nuestra boda como si fuéramos invitados reales y fueran nuestros hijos, familiares o amigos quienes se casaban.

Al percatarme que mi compañera era una veterana en esto que apenas yo comenzaba, comencé a hacerle preguntas:

¿Cómo conseguía los trabajos?

¿Qué agencias de casting utilizaba?

¿Cómo era el proceso de suscripción?

¿Cuánto había que pagar?

¿Cómo era el proceso de aplicación para conseguir trabajo?

¿Qué tipo de fotos se necesitaban?

¡Oh padre de la gloria!

Qué pregunta no le hice yo a esa pobre mujer ese día. Imagino que la tenía mareada, pero ella siempre:

- Muy profesional

- Muy atenta

- Muy decente

- Me respondía todas mis preguntas

Mientras yo me enviaba mensajes de texto por WhatsApp de un teléfono a otro para no olvidar ningún detalle de toda la información que me ofrecía mi compañera.

Al final de mi segundo día de trabajar en el set por remuneración económica le di las gracias infinitas y del alma a mi tan paciente, preparada y dispuesta compañera del día por toda su colaboración y enseñanzas para conmigo.

Ese día terminamos la grabación a las 5:00 a. m. fue mi primera vez de amanecida, y la experiencia me gustó mucho, al igual que la primera.

No solo se aprende de lo bueno, también podemos aprender de lo malo y evitar ser nosotros los que originan ese tipo de comportamiento.

Esa misma tarde después de descansar lo suficiente, con las fotos y resume elaborados en los talleres que había realizado me puse a poner en práctica lo aprendido la noche anterior con mi compañera de escena para crear mis perfiles en línea.

La creación de mis perfiles de actor en las distintas plataformas fue un éxito total.

Comencé a involucrarme en aprender las terminologías que se utilizan en las publicaciones que solicitan roles para producciones en el cine, televisión, comerciales, industriales, etc.

Descubrí la importancia de aplicar o responder a la disponibilidad cuando te envían un mensaje de texto o email a tu teléfono celular, esto es totalmente imperativo.

En la medida que respondes con prontitud consigues la contratación y así vas creando tu agenda de trabajos, audiciones, y pones en marcha esa infraestructura que nos permite compartir en escena con grandes directores, estrellas a quienes admiramos su trayectoria, aprendiendo en todo momento.

Los días pasaron...

- Cada experiencia era nueva

- Emocionante

- Aprendiendo de todos mis compañeros de trabajo (talento)

- El personal de la producción

- Las estrellas protagonistas

Al punto que en cada ocasión no perdía la oportunidad para seguir haciendo más preguntas y recibir los consejos de todo aquel que veía manejarse de una manera profesional y digna en los escenarios.

Así que llegó el momento de trabajar para una producción en la que Oprah era una de las productoras ejecutivas del proyecto.

Me dije a mi mismo:

"Esto tiene que ser bueno, porque Oprah donde pone el ojo pone la bala"

El proceso de casting para este role fue un poco diferente a los anteriores ya experimentados comúnmente en los sitios de internet que utilizo.

Me solicitaron enviar una foto improvisada en vivo haciendo una expresión específica, la cual envié siguiendo las instrucciones recibidas por el director de casting solicitante.

No pasaron ni cinco minutos cuando ya me habían confirmado la contratación del rol.

Cuando llegué al set de filmación para reportarme al área de holding que por costumbre era la norma, llegué media hora antes de mi hora asignada.

Me pusieron con el equipo de STUNT (con quien me tocaría compartir escena).

En ese entonces yo no sabía la diferencia abismal en la compensación económica entre los roles de unión y los que no éramos.

"Nos llevaron a un tráiler para los 5 talentos".

En la medida que transcurría el tiempo, pasando por los distintos procesos del:

Vestuario y maquillaje

Se dieron cuenta que mi nombre no estaba en la lista de los 4 talentos STUNT.

Me llevaron al área común de holding y confieso que al entrar al camerino tráiler, me dije:

¡Pero esta producción trata muy bien a los extras!

Después de una hora en el área de maquillaje (donde me hicieron unos tatuajes de chico malo que ameritaba mi personaje) con el equipo de pelea simulada (STUNT). Vestuario y cabello nos dirigimos al set.

Una vez allí, una de las asistentes de producción se me acerca y me dice:

"El director no quiere que te alejes del set".

Debes estar todo el tiempo presenciando lo que sucede en el rodaje.

Al principio me encantó la idea, prefiero estar en el área donde se realiza la acción todo el día que en Holding esperando por mi escena, se aprende más.

Lo que yo ignoraba era que ese día sería uno muy prolongado, donde terminaríamos trabajando casi 16 horas.

Los miembros de la unión *SAG-AFTRA* que se encontraban laborando con nosotros ese día estaban contentísimos porque habían alcanzado *"GOLDEN Time"*.

Fue la primera vez que escuché el término y comencé a indagar al respecto.

Descubrí, para mi agrado, factores motivantes para hacerme miembro de la unión y obtener todos esos beneficios que veía tenían ellos en la medida que trabajaba en los distintos proyectos.

Seis o siete horas después, iba incorporando todas las notas que le daban al equipo de STUNT para cuando le tocara a mi personaje.

Al final, después de analizar la situación, descubrí el motivo por el que no querían que me moviera del set, es que la parte en la que yo participaría era precedente, antes de todo lo que estaba sucediendo en todo el día.

Requiriendo que tuviera el mismo nivel de energía y entrega de la toma de los muchachos STUNT, fue enriquecedor y de mucho aprendizaje ser testigo de cómo este proceso inverso se realizaba ante mis ojos.

En ocasiones se realizan cambios en vivo con relación a diferentes ángulos para proponer en la edición a ver qué tal (ese fue mi caso en ese día).

En un momento determinado la directora me vio en el monitor.

Se acerca a nosotros y dice:

Que uno de los integrantes del equipo STUNT no tenía la apariencia del personaje, que yo sí.

Mi reacción fue:

Decirle que no poseía el entrenamiento.

(Error garrafal que nunca se debe hacer en el set).

Cuando salimos a un receso de 5 minutos uno de los compañeros me dice:

"Oye"

Cuando un director te pide que hagas algo en una escena es porque ya te han analizado y han visto el potencial en ti, entienden que puedes hacer su visión realidad.

Lo peor que puede pasar es que no les guste y te pongan de vuelta a hacer la acción para la que fuiste originalmente contratado.

"Pero"

¿Sabes cuánto ganamos nosotros por día?

Me pregunta.

Casi US$1,000 dólares, me dice.

Y si tú hubieras aceptado la propuesta que te hizo, hacían una actualización a tu contrato, sin importar que fuera utilizado o no en la edición final.

"O sea"

Yo había rechazado la propuesta sin tener idea de que me llevarían de ganar US$165.00 dólares por 10 horas más las horas extras como talento non unión.

Por un contrato de la unión SAG-AFTRA como STUNT, actor que es considerado principal, contrato que más adelante me enteré me habría calificado para poder ser miembro de la unión de una☹. ¡Muy triste, I know!

Hacemos este tipo de confesiones testimoniales en el área del aprendizaje porque lo consideramos material didáctico, si hubiera sido de nuestro conocimiento cuando comenzamos en la industria, los resultados ese día pudieron ser muy diferentes. Como esperamos lo sea para ti de ahora en adelante.

El dicho: ***"Las oportunidades son calvas y tenemos que agarrarlas por los pelos"*** se hizo realidad en mí con este hecho porque:

- Pasaron semanas

- Meses

- Y no conseguía ningún *waiver* para calificar y poder hacerme miembro de la unión.

- En todo momento me mantuve agradecido y oré a Dios por dirección, le pedí perdón por no estar atento y aprovechar la oportunidad que él hizo posible se me presentara en mis primeras semanas en la industria para poder comenzar por todo lo alto, por decirlo de alguna manera.

Después de tomar el taller de actuación de Alfonso Rodríguez, su evaluación final hacia mi desarrollo en la clase me llenó de esperanzas y valor para seguir, dijo:

- Que estaba haciendo lo correcto y en el camino adecuado.

Desde el primer día me pude percatar que había personas con mucho más experiencia y preparación que yo.

Un talento indudable.

Situación que en lo particular me gusta porque me incita a competir sanamente por ser la mejor versión de mí.

Algunos desde la primera evaluación obtuvieron una A y la conservaron hasta el final.

Yo que comencé con una B+

Pude evolucionar a una A

Y mantenerla hasta el término del taller.

Mi secreto es que cuando estoy compartiendo escena con otro talento:

- Quiero que quien está conmigo brille

- Apoyarle de manera sincera y honesta

- Esto se hizo manifiesto con todos los que tuve la oportunidad de compartir los ejercicios de actuación durante todo el taller. Uno tras otro, gracias a Dios; ayudándome a ganarme el respeto de mis compañeros y del maestro.

Quien al finalizar el taller se dirigió a mí diciendo:

"Abraham, te espera una larga carrera en estos medios, siempre vas a tener mucho picoteo por tu versatilidad, adaptabilidad y profesionalismo".

"Picoteo" es como le dicen en República Dominicana a encontrar diversas opciones de trabajo.

Otro de los consejos que le dio a todo el grupo, fue:

Que aprovechemos que estamos en New York para inscribirnos en las grandes universidades de actuación que están a nuestro alcance para capacitarnos, porque ese es el sueño de todo artista que vive en el exterior y no tienen acceso y nosotros lo estamos desaprovechando.

Eso me llevó a inscribirme en el programa de **Acting for Film** (Actuación para cine) de la universidad NEW YORK FILM ACADEMY:

- El programa es muy completo.

- Competitivo.

- Asimilaba las largas horas que nos pasamos en la vida real en los sets, cuando trabajamos por remuneración económica.

- Te ayudan a elaborar una escena que puedes utilizar para tu video reel de actuación en inglés.

- Elaboración de historia para tu personaje: ¿Qué? ¿Cómo? ¿Cuándo? ¿Dónde? ¿Por qué? ¿Desde? ¿Hasta? y así sucesivamente, con opciones sin fin para complementar nuestra improvisación al máximo.

- Un encanto en todo el sentido de la palabra.

El primer día de clases, lo primero que todos debemos hacer es responder una pregunta:

¿Por qué estás aquí?

Para enfocar de manera individual el cumplimiento en nosotros del objetivo que nos movió a tomar la capacitación.

Respondí:

"Quiero ser miembro activo de la Unión SAG-AFTRA"

Le comenté, brevemente, la oportunidad que se me presentó en mis inicios.

Luego añadí:

Debo estar haciendo algo de forma errónea porque he estado trabajando de 3 a 5 días todas las semanas en diferentes producciones y no he conseguido ni un solo *waiver* para calificar y ser parte de la unión.

La maestra tomó nota de todas nuestras respuestas para poder darnos seguimiento en el desarrollo del programa.

Acto seguido, procedimos a hacer una audición grabada para ver el nivel con el que entramos en el programa y compararlo con el producto final que estaríamos trabajando en equipo para la graduación del mismo.

Siempre trato de ser real y transparente en todo lo que hago de manera profesional, y en toda mi trayectoria empresarial y ejecutiva en el área corporativa, como resultado esto me ha llevado por un camino de crecimiento constante a lo largo de mi carrera, donde siempre he tenido oportunidades de nuevos retos, crecimiento por parte de la alta gerencia y supervisores inmediatos.

Aplicando estos conceptos, más los aprendidos en los distintos talleres que había realizado antes de llegar a NYFA (New York Film Academy).

Pude apreciar al igual que en el taller de Alfonso que algunos de mis compañeros tenían ya una vasta experiencia en la actuación; representando distintas partes del mundo:

- África

- Europa

- Italia

- Suiza

- Estados como Texas y Georgia

Al llegar mi turno comencé a responder las preguntas, pues la audición era totalmente improvisada, para ver cómo reaccionábamos en tiempo real a los cambios que pueden surgir en un set dependiendo de la circunstancia (lo cual ya había visto suceder en las grandes producciones en las que había tenido la oportunidad de trabajar).

El flujo de mi audición se realizaba de forma sólida, me sentía muy a gusto con lo que aportaba.

No sé en qué momento la maestra me llevó a abrirme con el grupo en sus preguntas, al punto que me emocioné y salían lágrimas de mis ojos mientras respondía.

Me excusé en medio de la audición porque ninguno de los compañeros anteriores había llorado.

Para mi sorpresa, mi audición impactó a toda la clase al punto que cuando terminé vi todo a el mundo con los ojos brillosos, y uno que otro también soltó su lagrimita igual que yo.

En medio del receso la maestra se acerca y me dice:

¡Abraham!

Una cosa te puedo decir

"***Si tú realizas una audición como esa en cualquier parte del mundo, te aseguro que el papel es tuyo***".

Continúo diciéndome:

"***Si en algún momento decides hacer una película o una serie de tu vida, me gustaría ser parte del equipo que desarrolle ese proyecto, para mí será un honor y un privilegio***".

Mensaje que infinitamente agradeceré y le tomaré la palabra para cuando llegue ese momento. ☺

En la medida que transcurrían los días, la maestra siempre me daba un seguimiento especial en el sentido que se preocupaba de que en verdad sacara el mayor provecho del taller.

Me recomendó:

- Tomar clases en el programa de teatro de cualquier COMMUNITY COLLEGE que esté cerca de mi residencia

- Te sorprenderá el ver la cantidad de talento como tú, que están recorriendo el mismo camino

- Preparándose

- Practicando

- Desarrollando sus propios proyectos

Me dijo que tiene varios grupos en NYFA de programas igual de intensos, pero de mayor duración, dirigido a personas que trabajan y no pueden estar 10 a 12 horas diarias todos los días dedicados a aprender de la industria cinematográfica y la actuación.

Me dijo:

Que podía recomendarme para conseguir media beca. Este tipo de programas es costoso pero lo vale en su totalidad.

La experiencia que se adquiere, la guía, los compañeros que conoces es algo invaluable para mí.

En mi objetivo particular de ingresar a la Unión, en adición de todo lo aprendido.

Me recomendó hacer un perfil en:

ACTORS ACCESS

Para conseguir mis credenciales y ser miembro de SAG-AFTRA.

Recomendó en cada aplicación expresar mi interés de ser miembro de la unión en el área de los comentarios y solicitar directamente la oportunidad.

Al terminar el programa, comencé a implementar lo aprendido y en menos de un mes conseguí *mi primer WAIVER* en *ACTORS ACCESS* como talento en un Industrial.

El segundo WAIVER lo obtuve dos o tres meses después, también en **ACTORS ACCESS,** participando en una película que filmaban de amanecida en un bar en Downtown New York.

El tercero y último lo conseguí con una de las agencias que más trabajo me gestionó como non unión:

GWCI, Grant Wilfley Casting, Inc.

Quienes me conseguían trabajo de 3 a 4 días por semana cuando no era miembro de SAG-AFTRA.

Al hacerme miembro de la Unión todo cambió con esta agencia donde conseguía el flujo de trabajo de ahí en adelante, que gracias a Dios nunca mermó.

Comencé a obtener todos los beneficios de ser miembro de **SAG-AFTRA (Screen Actors Guild – American Federation of Television and Radio Artists**).

En el proceso de preparación y aprendizaje para hacerme elegible de SAG, trabajé en proyectos que a veces que no tenían la misma remuneración económica.

Pero con el tiempo, a la larga, esos proyectos sirvieron para abrirme puertas en otros ámbitos, por ejemplo:

En una producción que fui contratado como extra:

- Fin de semana de retiro

- Coro y celebración de una iglesia

- Como feligrés de la misma

Terminé con líneas, siendo parte del coro, cantando detrás de los principales y al lado de los músicos el primer día.

Cuando me integré de forma voluntaria lo hice porque no sabía que los músicos y el coro pertenecían a una agrupación real de una iglesia local en Queens, a excepción de los 3 vocalistas principales, quienes eran actores contratados para la película (me vine a enterar al día siguiente).

La integración mía fue total pues en mi juventud pertenecí al coro de la parroquia de Mercedarios Descalzos "San Simón Apóstol", en Villa Faro, Santo Domingo República Dominicana.

De forma espontánea (al ver que algunas tomas las repetían muchas veces, al parecer porque a la directora no le terminaba de convencer lo que estaba viendo en los monitores), me tomé el atrevimiento de entrar en personaje y adorar a Dios en Espíritu y Verdad, como lo hacemos en la Iglesia Evangélica Pentecostal a la que pertenezco hoy día.

Cerrando los ojos y levantando mis manos en medio de la alabanza, la directora viene al frente después de un corte y le dice a los tres vocalistas principales:

- Trata de esta manera, y ellos como que no comprendían
  Me dice:

Abraham
¿Cómo es que estas haciendo?
Les mostré

- Ellos incorporaron la adoración a su rutina mientras vocalizaban en los micrófonos.

En la próxima toma entraba la estrella desde México y le dábamos la bienvenida a la iglesia:

Pero no se sentía real.

Así que después de varias repeticiones

Me acerco disimuladamente y digo al oído de uno de los principales:

"Yo tú y en vez de llamarle con la mano como estás haciendo, me movería del altar y caminaría en su encuentro a recibirlo y saludarlo".

Era la manera en la que como cristiano yo lo haría; al ver que no avanzábamos, él se tomó el atrevimiento e incorporó mi comentario unas cuantas tomas después, le encantó al director, aparentemente, pues seguimos con el rodaje y la siguiente toma después de incorporar mi sugerencia.

Al día siguiente trabajaríamos en un lugar de retiro mucho más alejado, donde conocí a Robert Morgalo, quien estaba realizando el papel principal de sacerdote.

Recuerdo que en el transcurso del rodaje se me acerca alguien de la producción y me pregunta:

¿Tienes líneas en el rodaje?

Respondí:

No, pero me gustaría la oportunidad.

(*Porque aprendemos a la buena o a la buena*☺, *no podemos pasarnos la vida dejando pasar todas las oportunidades que Dios nos presente*).

La directora me preguntó:

¿Quieres ser el asistente del sacerdote?

(Sonreí)

Le dije que sí

(Recordando el consejo que me dio el STUNT Talent como les comenté anteriormente).

Me asignaron la participación con líneas asistiendo al sacerdote:

- En los juegos en el patio.

- Improvisando.

- Dando respuestas bíblicas, en su mayoría.

- Ejercicio de confianza al otro en donde los principales se dejan caer de espaldas y dos personas con los brazos entrelazados les recibíamos de manera segura.

En la última toma del día:

- En un círculo de oración (después de la segunda toma, en el corte)
  La estrella de la escena se me acerca de la nada y me dice:
  ¡Hola!
  Por favor, ¿podrías ayudarme con lo que debo hacer en esta parte de mi escena?
  (Quedé impresionado un segundo)
  Acto seguido procesé rápidamente y le dije:
  "Como interpretaba yo desde el punto de vista como cristiano lo que sucedía y sucedería más adelante"

En esta ocasión, la directora se trasladó desde la zona del monitor para escuchar de cerca lo que yo decía a su estrella.

(Al parecer, el día anterior el principal al que le sugerí en secreto cómo abordar a la estrella en la iglesia se lo comentó a los demás).

Ustedes se podrán imaginar mi asombro cuando, de la nada, al día siguiente ese muchacho se me acerca directamente a pedir consejo.

"(¡Gloria a Dios por todo!)"

El rodaje llegó a su final, fue una de las más gratificantes experiencias que había tenido hasta este momento.

(Para qué mentirles, si en cada set siempre hay una nueva enseñanza y una oportunidad de apoyar a algún compañero que experimenta su primera vez o está recién comenzando, como yo en mis inicios).

Lo que nunca imaginé fue que Robert, el sacerdote, estaba envuelto en proyectos de teatro, había publicado su primer libro testimonial y sin ser miembro de la Unión ya tenía representación en una agencia en Hoboken NJ y otra en Philladelphia PA.

Me fui enterando cuando nos encontrábamos en audiciones para el mismo papel, en varias ocasiones en Filadelfia y tuvimos la oportunidad de intercambiar redes sociales y números telefónicos, siguiendo de esta forma la carrera del uno y del otro.

Finalmente me hago miembro de SAG-AFTRA:

Robert me felicita.

Me dice que me tiene envidia de la buena.

Manifiesta su interés en hacerse miembro de la Unión.

Le cuento el recorrido de como conseguí los **Waivers**, incluyendo los consejos que me dio mi maestra de **New York Film Academy.**

Cuando trabajamos en esto de las artes escénicas estamos disponibles siete días a la semana, 24 horas al día, ya sea:

- Aplicando o buscando nuevos proyectos y audiciones.

- Actualizando tu agenda de una manera organizada.

- Sin crear conflictos de horarios balanceando el tiempo para las audiciones.

- Dando mantenimiento a tu apariencia física.

- Haciendo ejercicios.

- Adquiriendo nuevos hábitos alimenticios para mantener la salud.

En mi caso, trabajar de igual manera en mi empresa de servicios:

JEHOVA JIREH'S INSURANCE GROUP, INC.

DBA

Jehova Jireh's Tax Solutions Insurance & Multi Service Group

Incorporada desde el 2015 en el estado de New Jersey.

Donde ofrecemos a las personas retiradas o deshabilitadas, que tienen Medicare parte A y Parte B, su opción de seguro médico representando distintas compañías de seguros como Agencia y Broker.

En vista del caos que la pandemia del virus COVID-19 representa hoy día, aprovechamos la oportunidad para reinventarnos de alguna manera y realizar el seguimiento de nuestro plan de negocio, completando todas las certificaciones necesarias para expandir exitosamente nuestros servicios y crecer en estos tiempos tan difíciles que enfrentamos como raza humana, incorporando:

- *Declaraciones de impuestos (Income Tax) personales y de negocios* en todo el territorio de los Estados Unidos.

- *Nueva línea de Seguros de Propiedad y Casualidades*, donde facilitamos seguros de casa, negocios, *líneas personales, líneas comerciales,* viajes, carros, y *todo tipo de seguros.*

- *Traducciones de documentos* importantes como records de notas, record clínicos, certificados de nacimiento, certificados de matrimonio, actas de defunción, y cualquier tipo de documento que necesite ser traducido de un idioma a otro.

- *Notario público en NJ.*

- *Seguros de Vida y Anualidades.*

En fin, cuando nos acostumbramos a ser multifuncionales no podemos estar sin hacer nada.

Trabajar en actuación me da la oportunidad de:

- Desarrollarme como artista y el cumplimiento de un sueño

- Promover los servicios profesionales que ofrece mi agencia

- Recibir remuneración económica por algo que amo realizar

Resulta que un domingo en la mañana, Robert me envía un mensaje de texto y me pregunta:

¿Has hecho teatro?

Le digo:

No, pero estoy abierto a nuevas oportunidades

(Recordando siempre el sabio consejo de nunca decir no en los medios).

Robert:

Te voy a enviar un libreto para que me des tu opinión y con qué personaje te identificas más

Me dije a mi mismo:

¿y entonces?

Comienzo a leer el libreto

(Era todo una monada)

- Súper divertido y entretenido,
- No paraba de reír mientras lo leía,
- Me imaginaba yo mismo gesticulando,
- Reaccionando,
- Dándole vida a uno o dos de los personajes de la obra.

¿Qué les puedo decir?, quedé impresionado con el libreto, así que inmediatamente le envío un mensaje de texto a Robert y le digo:

(I'm in) Estoy adentro.

"Me identifico con estos dos personajes" (Para darle opción)

¿Cuándo son las audiciones?

Robert:

Me responde, que también le gustan esos personajes para mí, que se inclinaba más por mi primera opción, que inicialmente había sido concebido para un blanco americano.

Pero que haría los cambios necesarios para adaptarlo a mí.

Me dijo que el papel era mío,

Que no tenía que adicionar,

Ya que él me había visto en acción,

Consideró que estaba preparado.

Yo Pensando:

"Sí, Robert era escritor y estaba dirigiendo su primera obra de teatro, la que exitosamente protagonizó junto a un talentosísimo grupo, del cual tuve el honor y privilegio de ser parte"

Acepté el rol (me puse muy contento).

Comenzó el proceso de preparación para esta nueva aventura que surgió de varios encuentros en el tiempo, aunque quizá *no era la que mejor remuneración económica ofrecía.*

La verdad, pensé bastante si me convenía trabajar en aquel proyecto por la mitad de lo que usualmente me pagaban en esos días.

Pero algo me decía que sí,

Que aceptará el trabajo, y miren,

Allí conocí a Robert.

Esa coincidencia me llevó a mi primer papel principal Off-Broadway

Y por supuesto, vino por perseverar

y hacerme miembro de la unión SAG-AFTRA.

Después que Robert me diera el papel en la obra:

- Comencé a tomar las clases del conservatorio de la Unión SAG-AFTRA.

- Súper económicas.

- Aportando conocimiento de parte de profesionales de muchos años de experiencia.

- Una de las primeras fue *como leer los contratos* cuando conseguimos representación de un manager o agente.

- Aprendí que tenemos el derecho y el deber de analizar y pedir los cambios que sean necesarios en las cláusulas que no estamos de acuerdo.

- Descubrí la importancia de velar porque nuestros beneficios no se vean afectados en un futuro solo por ignorar este principio básico tan importante en los inicios de nuestra carrera.

Acto seguido, comencé a buscar representación, confieso que es el único tema del cual no he encontrado la misma disponibilidad por parte de mis compañeros para arrojar luz y respuestas a las numerosas preguntas e inquietudes que tengo al respecto.

Encontré representación:

- Filtrando en la búsqueda de los sitios de internet

- Siendo proactivo

- Solicitando ser representado

- Específicamente con las agencias que se publican en BACKSTAGE y NYCASTINGS

- En la primera audición que fui seleccionado para representación, el agente estaba tan bien preparado

- Con sus emails

- Todo lo que comprendía sus servicios

- Lo que yo podía o no podía hacer

- Pero simplemente dudé

Sí, lo sé☹, hasta que no me encontré con Robert en una audición en Filadelfia y me confirmó que eran legítimos, que esa agencia también le representaba a él, no me anime a llenar el contrato y enviarlo.

Para mi sorpresa, al tomarme tanto tiempo para responder, *me rechazaron la representación* vía correo electrónico diciendo que ya no estaban interesados en representarme, habían recibido mi paquete por correo, lo trituraron y lanzaron al zafacón de la basura.

Todo es un aprendizaje,

Vamos creciendo

Y evolucionando a través del mismo camino.

Este libro es una muestra de ello, pues ver todo lo que acontece a lo largo de mi carrera, cómo las cosas que pueden verse a simple vista y pasar desapercibidas son las que de forma inesperada abren nuevas puertas y retos para el desarrollo de nuestra carrera como artistas.

Sé que cada camino e historia es diferente, pero hemos tratado de plasmar un compendio testimonial de todo lo que nos hubiera gustado saber antes de entrar a la industria.

Esperamos sea de utilidad para ti y aporte su granito de arena, recuerda que siempre estamos en la mejor disposición de colaborarte, porque hemos venido al mundo para ser luz y para compartir los conocimientos recibidos, de forma que edifiquen a los demás.

CAPÍTULO VII
SITIOS WEB PARA CONSEGUIR TRABAJO

*D*ependiendo del estado donde residas y si estás dispuesto a trasladarte a distintas regiones de los Estados Unidos, las opciones son amplias.

Las informaciones evolucionan y cambian con el pasar del tiempo, por esta razón es bueno siempre utilizar el mejor método para mantenernos al día, que es:

- (Word of mouth) preguntar a nuestros compañeros los métodos que están utilizando.

- Todo va a dependen de cuál compañía recibe el contratos de Casting.

- Si es de forma exclusiva.

- Identificar en cuáles producciones queremos tener el honor de ser parte.

- Comenzar a construir nuestras relaciones.

- Solicitar a nuestro Manager o Agente que nos consiga audiciones para dichas producciones.

Algo que no debemos pasar por alto es el hecho de que esta profesión siempre está en demanda y en búsqueda de caras nuevas y de todas las edades.

Más ahora, con la amplia gama de producciones que están teniendo la oportunidad de emigrar a los nuevos medios de transmisión masiva como:

- NETFLIX

- AMAZON

- HULU

- OWN

Junto a un sin número de plataformas que están encaminando la industria cinematográfica a una nueva era donde se necesita desarrollar constantemente nuevos talentos en todas las áreas que componen el sistema de producción, edición, casting, dirección, etc.

Debemos estar siempre preparados para ser parte de los cambios, contribuir y adecuarnos de la mejor manera.

Antes de mencionar las distintas plataformas que podemos utilizar me gustaría resaltar:

- Que este trabajo es una buena fuente para promover tu propio negocio.

- ¿Eres un trabajador independiente de cualquier área?
  (ESTILISTA, BARBERO, REAL ESTATE BROKER, INSURANCE BROKER, TAX PREPARER, NOTARY PUBLIC, TRANSLATOR, UBER DRIVER, BABYSITTER, TAXI DRIVER, UNEMPLOYED, ON VACATION, ON LEAVE OF ABSENCE, MATERNITY LEAVE, entre otros).

- Vas a exponerte a oportunidades con cazadores de talentos

- Personas que necesitan los servicios que ofreces

- Recibirás un ingreso económico por aprender a trabajar en una industria que te apasiona

- Podrás compartir con los protagonistas y estrellas de tus películas y series favoritas

- Puedes ahorrar dinero para poder seguir capacitándote y mucho más.

- ¿Estás retirado? o ¿Deshabilitado?
  Para nadie es un secreto que el cheque del seguro social o de las distintas pensiones que alcanzamos

la mayoría al momento de retiro no es suficiente para tener una vida digna.

- En esta plataforma laboral puedes comenzar a interactuar con otras personas como tú y pasarla bien, ser parte de lo que llamo yo:

"La Mejor   Terapia Anti-Depresiva de Todos los Tiempos".

- ¿Tienes niños pequeños desde recién nacidos hasta 17 años de edad?

- ¿Uno de los padres se encuentra desempleado?

- ¿Disponible para acompañar los hijos al set?

- Esta es una oportunidad maravillosa para que crees un perfil para cada uno de tus hijos.

- Cada vez que les contraten deben ser acompañados por uno de sus padres.

- Simplemente solicita el permiso necesario para niños actores o (CHILD PERFORMER) en el caso específico de nueva york en sitio web de: https://www.labor.ny.gov/secure/ChildPerformer/welcome.html
NEW YORK LABOR DEPARTMENT.

- El primer permiso es temporal por 15 días.

- Luego se puede renovar por 12 meses.

- Me puedes enviar un mensaje directo a mi cuenta de Instagram:

  https://www.instagram.com/su_chico_feliz/

  (*@Su_Chico_Feliz*) con cualquier pregunta o inquietud de los temas debatidos en este libro y con gusto te vamos a asistir en todo lo que podamos.

Entre las plataformas que he utilizado, obtenido resultados positivos para conseguir oportunidades de trabajo, aprendizaje y crecimiento profesional están:

1. *Central Casting:*

   Es gratis y tienes que presentarte en persona en una de las oficinas locales de los diferentes estados donde tienen presencia (New York, Los Ángeles, Georgia & Louisiana).

Podemos utilizar el mismo perfil en los diferentes estados, solamente requieren que nos presentemos en persona en dicha oficina, actualizar la información de nuestros archivos reportando nuestra estadía allí por una temporada.

Se especializa en casting de:

- Extras

- Dobles de cuerpo

- Stand-ins

2. *Casting Networks:*

Pagas una cuota mensual, pero lo vale totalmente, esta plataforma es una de las que más me gusta desde que comencé y me he familiarizado bastante con su forma de trabajar.

Tienes acceso a roles principales y extras. Algo que me no me gusta de esta plataforma es su división:

- Estados Unidos

- Australia

- Canadá

- Los Ángeles

- San Francisco

- Reino Unido

Debido que para trabajar en cada división se necesita un usuario o acceso separado, limitando nuestras habilidades para ser contratados en esas áreas donde no tenemos acceso.

Cuando me trasladé a Los Ángeles, ciudad del estado de California en los Estados Unidos, por dos meses, con el objetivo de entrenarme y probar suerte, tuve que abrir una cuenta nueva provisional en la división de Los Ángeles para poder trabajar.

En ese entonces, no era miembro de SAG-AFTRA y descubrí que en Los Ángeles alrededor del 90% de los roles que postean en las plataformas son de Unión.

Un mercado súper competitivo, donde podemos conseguir audiciones a diario para todo tipo de producciones, ayudándonos en perfeccionar nuestro proceso interno de adaptación para múltiples audiciones en una semana, a veces el mismo día.

Eso sí, en algunas de las zonas donde nos toca audicionar no aparecen parqueos a ninguna hora del día.

Por ejemplo, en el caso de los estudios de la Warner Brothers el parqueo está en las afueras de las naves; te advierto que es una ciudad donde fácilmente nos podemos perder en nuestros inicios y dejar que la magia de la misma nos ocupe.

El primer día que me tocó ir a trabajar a los estudios de la Warner Brothers, al ver la distancia que había que recorrer al llegar (recuerda acudir temprano, mínimo 30 minutos antes) para prevenir cualquier eventualidad que se pueda presentar.

Ya en el parqueo:

> Vi un joven que salía de su vehículo
> Aceleré el paso
> Le saludé
> Me presenté
> Le pregunté:
> ¿Vas para el set de "The Rookie"?
> Sí, me dijo
> ¿Puedo acompañarte? Es mi primera vez en estos estudios, le dije
> Asintió con la cabeza,
> Le seguí

Tomó atajos
Caminamos unos 20 minutos desde el parqueo para llegar al set.
Cuando terminamos de trabajar
Me perdí de vuelta al parqueo (gajes del oficio) ☺

3. *Actors Access:*

Pagas mensual, está disponible en los Estados Unidos y Canadá. Mayormente utilizada para:

- Roles principales

- Películas

- Obras Teatrales

- Comerciales

- Industriales

Esta plataforma es la que me recomendó mi maestra de NYFA (New York Film Academy) para conseguir mis WAIVERS (credenciales) para hacerme miembro de SAG-AFTRA.

Cumplió su cometido.

(Hasta ahora es la más costosa de todas las plataformas que he utilizado).

En esta industria para llegar donde se quiere hay que estar dispuesto a invertir lo que se tiene con tal de alcanzar los objetivos que tenemos (como en todo negocio).

4. *Backstage:*

Pagas mensual, en esta plataforma conseguí representación y fui contratado para varios comerciales como *"non union".*

Fue la primera que probé al principio de mi carrera, pero por falta de experiencia terminé cancelándola al no ver resultados.

Después me fue recomendada por un gerente de estudio, donde fui contratado como principal para un comercial en español y al ver mi desempeño y ejecución con el teleprompter, al terminar me dijo que tenía un futuro en esta industria del cine y televisión.

Le pedí consejo de cuáles plataformas él recomendaba y la primera fue esta.

Después de hacerme miembro activo de la Unión, no he conseguido trabajo en esta plataforma, creo que no voy a renovarla cuando expire la membresía anual.

5. ***Boston Casting:***

Pagas mensual, después de asistir a una audición para una película en mis inicios, terminé pagando la suscripción anual.
No renové, porque nunca pude conseguir ningún trabajo en esta plataforma.

Después de cancelada la cuenta, y ser miembro de SAG-AFTRA, mientras platicaba con mi compañera de trabajo, Carolina, de nacionalidad Colombiana, a quien conocí en el set, me comenta que se va a Boston a trabajar por una semana con su esposo en una película.

Me indicó que seguían necesitando miembros de la unión para la producción.

Me puse a la orden.

Y le solicite el email del casting director.

Estando en el set, mientras compartíamos en el área de HOLDING:

- Envié mi resume,

- Fotos,

- Estado de miembro activo de SAG-AFTRA,

- Disponibilidad para viajar a Boston y trabajar en la película por las dos semanas que se necesitaba,

- En menos de media hora ya estaba contratado,

- Con fecha para ir a medirme el vestuario y llevar mi propuesta.

6. *Instagram y Facebook*:
Diariamente se publican castings requiriendo talentos para distintos proyectos en las redes sociales.

Debemos comenzar a seguir los directores de casting que utilizan estas plataformas para postear sus proyectos.

Existen de igual manera, específicamente en Facebook, grupos de actores locales a los cuales les gustaría pertenecer:

- Film Locations NYC

- Hudson Valley Casting

- Actors4ActorsNYC

- Long Island Casting Calls

- Mar Casting Agency

- NYC Actors / Playwrights / Directors / Producers / Writers

7. *Compañías de Casting*:
Debemos estar atentos a los correos electrónicos que recibimos de los distintos sitios de internet que utilizamos para aplicar y buscar trabajo.

Pues, las compañías que publican sus requerimientos en las redes anteriormente expuestas a veces también poseen su propia plataforma.

Podemos inscribirnos, usualmente de manera gratuita, si lo hacemos utilizando el enlace de invitación recibido directamente de ellos para poder acceder a los proyectos que ellos representan, para los cuales manejan las contrataciones.

Ejemplo:

GWCI tiene su propia aplicación

En esta plataforma, cuando no era miembro de SAG-AFTRA, me gestionaban 3 a 4 días de trabajo por semana.

Al hacerme miembro de SAG-AFTRA ahora solo 1 vez cada seis meses, aproximadamente.

Mi teoría es que esta agencia de Casting, se especializa en presentar paquetes de talento non-unión a las diferentes producciones que representan, y aparentemente utilizan al mismo grupo de su libro activo de talento SAG-AFTRA, sin realizar ningún tipo de rotaciones.

Estrategia que respeto, pues son muy buenos en lo que hacen.

8. *Grupos de WHATSAPP*:

   - En cada clase

   - Taller

   - Seminario que participamos

Usualmente se crea un grupo en el que se comparten trabajos para aplicar y beneficiarnos de los mismos.

¡Entiendo que estamos en demasiados grupos!

Pero, si pones las notificaciones en mudo por un año y simplemente los revisas de manera rápida por la mañana o en la noche, es factible, ¿no?

Mi primer trabajo y audición lo conseguí de esta manera con la ayuda de mi coach de actuación Carlos Alfredo Fatule.

Todas las plataformas utilizan un sistema parecido para la creación del perfil y las aplicaciones de trabajo, podemos comenzar con uno gratis, existen mucho más, es tu tarea ir construyendo el camino al andar, escalando la montaña.

Esto es simplemente un ejemplo de lo recorrido por mí.

Si necesitas algún tipo de asistencia en la creación de tu perfil en cualquiera de las plataformas, siéntete libre de comunicarte conmigo en mi cuenta de INSTAGRAM:

https://www.instagram.com/su_chico_feliz/

(*@Su_Chico_Feliz*) y con gusto te colaboro.

Seguro que cuando estés leyendo este material didáctico testimonial, ya estaremos realizando la producción de videos tutoriales para mostrar respuesta a las preguntas que nos van llegando de la primera edición de este libro en nuestro canal de YouTube.

Compartir es el secreto de la felicidad, todo lo que aprendemos eso nos acompañará siempre en donde quiera que estemos.

Nada me da más gozo que ver la cara de alguien transformarse cuando le ayudamos a encontrar respuesta a alguna inquietud sobre cómo comenzar o simplemente le ofrecemos ejemplos del camino a recorrer para alcanzar su sueño y hacerlo realidad.

Me considero dichoso y bienaventurado porque en todo el trayecto Dios ha puesto ángeles en mi camino y los ha utilizado para ser mis guías, dan respuestas a todas mis inquietudes; a todos y cada uno de ellos no me cansaré de darle las gracias.

En la medida que vamos desarrollando este proyecto, realizaremos la versión de audiolibro, traducción a distintos idiomas, como: inglés, chino, japonés, hindi, entre otros.

Los cambios en esta nueva era digital ameritan que nos adecuemos a los mismos y seamos capaces de mostrar nuestras habilidades y compartir nuestro conocimiento de una manera global.

Este es uno, de siete libros, que estamos desarrollando al mismo tiempo, para que veas la pasión que hemos ido desarrollando en cuanto a la escritura después de haber colaborado con los guiones anteriormente expuestos y que forman parte de mi resume actoral.

Te invito a visitar mi página de LinkedIn: https://www.linkedin.com/in/abraham-vasquez-65636629/

Explora sin temor a nada, que de eso se trata la vida, siéntete en confianza de alcanzar tus metas por más imposibles que parezcan.

Tienes el derecho

¡Inténtalo!

Quizás leyendo este libro te des cuenta que esta carrera no es lo que creías.

Será un escalón más que te gustaría escalar para seguir tu recorrido por esta vida.

Cualquiera que sea tu decisión siéntete confiado(a) y apoyado(a) porque hay un océano de soñadores como tú luchando unidos para la realización de su sueño.

Todos hemos pasado por donde estás ahora mismo y estamos en la mejor disposición de hacer el recorrido contigo de la parte que nos toque compartir.

No estás solo(a), no dudes en preguntar y pedir consejo, como dice la biblia: *Pedid, y se os dará.*

Realiza un programa de lo que quieres antes de comenzar.

Para seguir la ejecución del mismo, porque si no, podrían persuadirte a otro camino que no es por el que inicialmente decidiste ser parte de esta carrera.

No todo lo que brilla es oro, debemos siempre estar alerta y atentos a todas las situaciones que se puedan presentar y buscar obtener un resultado *ganador/ganador* de todas las partes interesadas.

No seamos mártires o los únicos que tenemos que sacrificarlo todo por un sueño.

¡Aprende a valorarte!

Tu valor y lo que aportas a cada proyecto

Si no se da en uno, se dará en otro.

Cuídate de caer en la trampa de tomar demasiados roles sin paga, a menos que sea mediante la firma de un contrato diferido donde especifique que cuando el proyecto deje beneficios monetarios se te pagara por tu contribución al mismo, ya que todos los involucrados en su realización forman parte vital y con la falta de alguno no hubiera sido posible ejecutarlo.

Te enteras luego que aquellos que te quieren contratar y que participes en sus proyectos cediendo tus derechos de forma gratuita van a terminar beneficiándose económicamente del mismo.

Y a ti, sin cuya colaboración no hubiera sido posible ser realizado, no te va a tocar un solo peso.

Prefiero pagar un seminario o curso en el cual tenemos derecho a preguntar, ser capacitados en todo el camino y utilizar dicho material para nuestro video reel.

Ser miembro de la Unión te da esa seguridad y estabilidad que se necesita, pues una vez dentro, no puedes ser burlado y tus derechos deben ser reconocidos y respetados por todo aquel que quiera utilizar tu talento en cualquier forma.

Algunos tratarán de desmotivarte para que no seas miembro de la unión.

En vez de decirte que sí
Que vas a trabajar menos

Ganar más

Tendrás la oportunidad y el soporte de la unión

En clases, seminarios y talleres

Que antes tenías que pagar grandes cantidades de dinero

Ahora serán parte de tu membresía.

La razón principal por la que los trabajos disminuyen una vez te haces miembro de SAG-AFRA es:

- Debido a que todos los directores de casting con los cuales estamos impuestos a trabajar nos tienen en su libro de actores que no pertenecen a la unión.

- Es nuestro deber comunicarnos con cada uno de manera individual.

- Agradecerles primero por todo el apoyo ofrecido a nosotros.

- Solicitarle se nos mueva al libro activo de SAG-AFTRA para que se nos tome en cuenta de ahora en adelante a las nuevas oportunidades que se puedan presentar.

No sé si por mi preparación en el área corporativa y experiencia laboral de tantos años, pero no sentí la famosa transición de forma negativa, todo lo contrario, simplemente me adapté a mi nuevo estatus y comencé a promoverme en medios que anteriormente no lo hacía, por ejemplo:

GWCI dejó de darme la mayoría de los trabajos como cuando no pertenecía a la unión.

Central Casting comenzó a contratarme dos y tres días por semana.

Otras agencias, que esporádicamente me contrataban, al convertirme en miembro de la unión me tomaban en cuenta y me daban la oportunidad más seguido.

Es cuestión de saber si decidimos ser parte de la unión, todo cambio traerá una reacción y ajustes que deben ser realizados en nuestro entorno:

Como por ejemplo:

- En el vestuario

- Uniformes (policía, bombero, doctor, enfermera, EMT)

- Atuendos de diferentes nacionalidades

Porque en la medida que vamos adentrándonos y nutriéndonos de los conocimientos que compartimos, estos van a moldear nuestro perfil y dirigirnos en una dirección específica conscientemente.

CAPITULO VIII
¿CÓMO HACERSE MIEMBRO DE LA UNION SAG-AFTRA (SCREEN ACTORS GUILD – AMERICAN FEDERATION OF TELEVISION AND RADIO ARTISTS)?

The Screen Actors Guild – American Federation of Television and Radio Artists (SAG-AFTRA)

Es un sindicato estadounidense que representa aproximadamente 160,000 actores de cine y televisión, periodistas, personalidades de la radio, artistas de grabación, cantantes, actores de doblaje y otros profesionales de los medios de todo el mundo.

Para ser elegible para pertenecer a SAG-AFTRA se necesita calificar con una de las siguientes condiciones:

- Prueba de contrato de trabajo SAG-AFTRA, SAG o AFTRA

- Puede ser un contrato como principal o tres como BACKGROUND extras

- Prueba de pertenecer por un año a una unión afiliada como:

  ACTRA (The Alliance of Canadian Cinema, Television and Radio Artists)

AEA (Actors Equity Association)

AGMA (American Guild of Musical Artists)

AGVA (American Guild of Variety Artists)

Haber trabajado con un papel principal por lo menos una vez en la jurisdicción de dicha unión afiliada.

Antes de tomar la decisión de hacernos miembro de SAG-AFTRA es necesario hacernos unos cuantos planteamientos con relación al porqué de hacernos miembros, debido a que dicha membresía es costosa: US$3,000.00 dólares.

Si pensamos trabajar a tiempo parcial o de forma esporádica no es recomendable hacer la inversión, especialmente si tenemos limitaciones en nuestro presupuesto.

Ya tomada la decisión, debemos enfrentarla con fe y esperanza, en espera de que sacaremos el mejor provecho de todos los beneficios que trae consigo dicha membresía, como:

- Seguro médico

- Plan de pensión

- Plan de retiro

- Descuentos

- Clases de Conservatorio

- Fundación

- El respaldo de la unión en todos los contratos laborales como artistas detrás de las cámaras y delante de los micrófonos en la radio

Para muchos será un sacrificio la inversión inicial (que vale su peso en oro), el hacernos miembro activo de SAG-AFTRA, tan pronto seamos elegibles tomando ventaja del plan de pago a plazos, es la mejor manera si nuestro presupuesto no nos permite hacer el pago total desde un principio.

Una vez que somos miembros activos de la unión no debemos olvidar notificar por escrito a todas las agencias de casting que nos tienen en su libro activo de talento como NON-UNION.

Agradecerles por su apoyo en nuestra carrera y solicitarles cortésmente ser movidos al libro de miembros activos SAG-AFTRA, contando con su apoyo acostumbrado en las nuevas oportunidades que puedan surgir.

La transición es diferente en cada nuevo miembro de la unión, debe tomarse en cuenta de manera seria y responsable, debido a que si no lo hacemos debidamente podemos caer en desmotivación al ver que ya no estamos produciendo como antes.

Bien planificado, no sentiremos el cambio de forma radical, todo lo contrario:

- Trabajaremos menos horas al día

- Tendremos mayor salario mínimo

- Acceso a nuevas oportunidades

- Beneficios adicionales no existentes para los NON-UNION

En mi caso particular, al hacerme miembro activo de SAG-AFTRA me abrió las puertas para:

- Conseguir un papel principal en la obra de teatro escrita por Robert Morgalo *"Three'sCompany 2"*

- Trabajé en mercados como Boston por varias semanas en una película.

Debido a la falta de miembros activos de SAG-AFTRA en algunos mercados, utilizan el talento de NY/NJ para sus producciones.

Otro logro importante fue *conseguir representación*, después del fallido primer intento expuesto anteriormente.

Ya con la confianza adquirida después de haber tomado el taller de capacitación en el conservatorio de la unión *"Revisión de Contratos"*, esta vez le di el sentido de urgencia que ameritaba, diligentemente.

Para conseguir representación debemos de tomar la iniciativa:

- Aplicar en línea

- Enviar nuestra hoja de vida por correo regular a las distintas oficinas Agentes y Managers representantes

Recuerdo que en el primer email de mi actual manager, decía que el proceso sería de varias entrevistas y que buscaban la disponibilidad en el talento de trasladarse a áreas como Washington DC, Filadelfia PA y Virginia; solamente siendo exclusivos en Filadelfia PA.

Cuando nos envolvemos en los afanes de esta carrera es normal que tengamos una agenda apretada, movernos de un día para otro a distintos estados de forma rutinaria.

La primera entrevista la programamos para el día siguiente después de terminar el contrato de dos semanas en la película de Boston Massachusetts.

Creí que el rodaje terminaría como en los primeros días de la producción.

(Error de mi parte asumirlo)

"¡Para mi sorpresa el último día de la producción termino a las 4:00 a. m.!"

Sin siquiera tiempo para dormir

Me dirigí directamente desde el set de grabación a la entrevista

"Desde Boston hasta Filadelfia"

Ya de camino, como vivo en medio del trayecto (Jersey City, New Jersey) decido hacer una parada técnica en mi departamento para tomar un baño rápidamente, refrescarme, cambiarme de ropa y seguir el recorrido.

En todo momento asumía el tiempo de llegada que me dio la aplicación antes de salir de Boston, que eran aproximadamente 3 horas antes de mi cita, realicé todas las paradas habidas y por haber para descansar, comer, tomar café, para poder mantenerme alerta.

Me agarró el tráfico en hora pico entrando a New York, aparentemente me agarraría entrando a Filadelfia de igual manera, porque ahora la aplicación decía que llegaría con casi una hora de retraso a mi cita.

Independientemente de la emoción que tenía de pasar esa entrevista y tener por fin mi primer representante, no les voy a mentir, me encontraba bien cansado por los largos días de trabajo en las pasadas semanas en Boston.

En vista del retraso inminente, tome la decisión de enviarle un email a mi hoy manager, solicitando cambiar la fecha para mi entrevista.

Le expliqué:

- Lo sucedido en el último día de rodaje de la película en Boston

- El retraso por el tráfico en hora pico

Factores que aparentemente jugaron un papel importante en mi candidatura para representarme ya que en vez de cambio de fecha, recibo otro email solicitándome lo que se necesitaba para la última entrevista directamente.

Al mi manager ver:

- Mi ética profesional

- Manejo comunicacional e informativo

- Disponibilidad para viajar fuera de New Jersey fueron pruebas suficientes para ella saber que tomo en serio mi carrera.

Preparé todo lo que me solicitó para enviárselo antes de presentarme a mi última entrevista.

Al final, me dijo que había tomado la decisión de representarme, que su asistente me haría llegar mi contrato para revisión y firma.

Me explicó el proceso y los protocolos a seguir en la agencia cuando vaya a alguna audición o trabajo en representación de la misma.

Al revisar el contrato:

- Vi algunas cláusulas con las no me sentía cómodo.

- Revisé las notas que tomé cuando realicé el curso del Conservatorio en las oficinas de la Unión.

- Realicé las correcciones que encontré pertinentes.

- Remití el contrato alterado con los cambios que quería al asistente de mi manager.

- Originando un retraso de casi un mes en mi confirmación como talento de la agencia.

- De haber firmado sin ningún cambio, automáticamente me convertía en talento de la agencia de forma inmediata.

Por un momento pensé que también perdería esta oportunidad, pero en todo momento me sentí en paz ya que al final si yo no defiendo mis derechos y beneficios nadie lo hará por mí.

CAPÍTULO IX
¿CÓMO HACERSE MIEMBRO DE LA UNIÓN DE TEATRO AEA (ACTORS' EQUITY ASSOCIATION)?

*C*omo material testimonial solamente nos enfocaremos
en la experiencia personal del autor para hacerse miembro de la unión de equidad como parte de los beneficios de ser miembro de la unión hermana SAG-AFTRA.

Podemos ser parte de esta unión si pertenecemos a una de las uniones hermanas:

SAG-AFTRA (http://www.sagaftra.org/)

AGMA (http://www.musicalartists.org/)

AGVA (http://www.agvausa.com/)

GIAA (http://www.giaa.us/)
- Los solicitantes deben ser miembro de la unión hermana por lo menos un año

- Deben ser miembros activos y al día con su unión primaria

- Debe haber trabajado en la jurisdicción de su unión primaria como principal, "Under-five" (rol principal de menos de 5 minutos) o por lo menos 3 días de "background" extra

Con la aplicación debe existir una carta de la unión primaria conteniendo la información de que los requerimientos del párrafo anterior son llevados por el candidato y por lo menos un depósito inicial de US$600.

El costo total de membresía es US$1,700 y para enero 1ro del 2022 será US$1,800.

Tenemos un periodo de 24 meses para pagar la diferencia del inicial con la cuota total, los mismos pueden ser descontados automáticamente del pago semanal de la producción teatral con la cual se trabaje desde US$25.00 hasta US$125.00 basado en la escala salarial semanal del proyecto.

La experiencia vivida en las casi 8 semanas de ensayos antes de la puesta en escena de la obra "Three's Company 2", el apoyo recibido tanto con el público, la producción, la dirección y los maravillosos compañeros talento que compartimos en la misma, fueron el factor detonante que me motivó a tomar este beneficio que me da el ser miembro activo de SAG-AFTRA y de igual manera ahora poder recibir los beneficios que ofrece la unión hermana de teatro AEA.

CAPÍTULO X
¿CÓMO ENCONTRAR REPRESENTACIÓN?
(MANAGER O AGENT)

*E*ncontrar manager o agente es como buscar trabajo, se puede obtener de múltiples formas:

- Recomendación

- Cazadores de talento

- Oportunidades de audiciones

- Aplicando directamente en el sitio web de la agencia que nos interesa

- Enviando nuestro resume y foto a la dirección de la agencia

Al final del día, un manager o agente hace lo mismo que nosotros hacemos a diario en nuestra rutina aplicando y buscando oportunidades que coincidan con nuestro perfil para contrataciones pero en mayor escala.

La diferencia está en los recursos y las relaciones existentes de la agencia que te representa o manager en la industria.

Una vez nos enfocamos en sacar el mejor provecho de cada situación entendemos lo vital y provechoso de tener representantes llenando solicitudes por nosotros a diario, mientras nos enfocamos en:

- Confirmar fechas

- Ensayar y prepararnos con los libretos que nos envían

- Presentarnos a audiciones

- Conseguir la oferta y contrato del rol

Como todo en la vida, la práctica hace al maestro, mientras asistimos a más audiciones:

- Mejor nos vamos manejando ante las cámaras

- Nuestros directores de casting

- Vamos llegando más lejos en el proceso de pre selección

- Selección

- Espera

- Elaboración de programas pilotos

- Contratación.

El ciclo se repite una y otra vez en diferentes escenarios, siempre recordando que la audición es hasta que la presentamos.

Cuando salimos debemos dejarlo hasta ahí, esperar lo mejor y seguir audicionando.

Bajo ningún concepto debemos desesperarnos y ofuscarnos con el resultado después de una audición, solo disfrutar el recorrido de la trayectoria como artistas en todos los procesos que implica:

✓ *__La disciplina__*

✓ *__Perseverancia__*

✓ *__Profesionalismo__*

✓ *__Preparación__*

✓ *__Capacidad__*

Son factores que complementan nuestras rutinas, llevándonos al cumplimiento de metas y objetivos en cualquier carrera que decidamos desarrollar.

Recordando siempre que no estamos solos, que formamos parte de una industria maravillosa que se encarga de hacer literalmente los sueños realidad tanto de nosotros los artistas como de aquellos que son influenciados por nuestro trabajo y dedicación en todo el proceso que implica la producción y elaboración de una puesta en escena.

¡Gracias por dedicar tu valioso tiempo en apoyar esta primera edición de este libro!

Por elegir pertenecer a esta comunidad de soñadores, apoyándonos mutuamente, creciendo en la medida de nuestros sueños y anhelos.

Me despido con una inspiración que recibí en un momento de tribulación y desesperación en mi vida:

"Como seres humanos en el universo,

lo primordial es la paz interior.

Cuando la alcanzamos,

lo demás fluye en nuestras vidas

como por arte de magia"

Abraham Vásquez

www.ingramcontent.com/pod-product-compliance
Lightning Source LLC
LaVergne TN
LVHW011236080426
835509LV00005B/527